Abdelkrim Bouramoul

Recherche d'Information Contextuelle et Sémantique sur le Web

Abdelkrim Bouramoul

Recherche d'Information Contextuelle et Sémantique sur le Web

Comment augmenter la sélectivité des outils de recherche d'information sur le web

Presses Académiques Francophones

Impressum / Mentions légales

Bibliografische Information der Deutschen Nationalbibliothek: Die Deutsche Nationalbibliothek verzeichnet diese Publikation in der Deutschen Nationalbibliografie; detaillierte bibliografische Daten sind im Internet über http://dnb.d-nb.de abrufbar.

Alle in diesem Buch genannten Marken und Produktnamen unterliegen warenzeichen-, marken- oder patentrechtlichem Schutz bzw. sind Warenzeichen oder eingetragene Warenzeichen der jeweiligen Inhaber. Die Wiedergabe von Marken, Produktnamen, Gebrauchsnamen, Handelsnamen, Warenbezeichnungen u.s.w. in diesem Werk berechtigt auch ohne besondere Kennzeichnung nicht zu der Annahme, dass solche Namen im Sinne der Warenzeichen- und Markenschutzgesetzgebung als frei zu betrachten wären und daher von jedermann benutzt werden dürften.

Information bibliographique publiée par la Deutsche Nationalbibliothek: La Deutsche Nationalbibliothek inscrit cette publication à la Deutsche Nationalbibliografie; des données bibliographiques détaillées sont disponibles sur internet à l'adresse http://dnb.d-nb.de.

Toutes marques et noms de produits mentionnés dans ce livre demeurent sous la protection des marques, des marques déposées et des brevets, et sont des marques ou des marques déposées de leurs détenteurs respectifs. L'utilisation des marques, noms de produits, noms communs, noms commerciaux, descriptions de produits, etc, même sans qu'ils soient mentionnés de façon particulière dans ce livre ne signifie en aucune façon que ces noms peuvent être utilisés sans restriction à l'égard de la législation pour la protection des marques et des marques déposées et pourraient donc être utilisés par quiconque.

Coverbild / Photo de couverture: www.ingimage.com

Verlag / Editeur:
Presses Académiques Francophones
ist ein Imprint der / est une marque déposée de
OmniScriptum GmbH & Co. KG
Heinrich-Böcking-Str. 6-8, 66121 Saarbrücken, Deutschland / Allemagne
Email: info@presses-academiques.com

Herstellung: siehe letzte Seite /
Impression: voir la dernière page
ISBN: 978-3-8416-3044-5

Zugl. / Agréé par: Constantine, Université de Mentouri Constantine, 2011

Copyright / Droit d'auteur © 2014 OmniScriptum GmbH & Co. KG
Alle Rechte vorbehalten. / Tous droits réservés. Saarbrücken 2014

Remerciements

Cet ouvrage est le fruit de plusieurs années d'efforts incessants, mais aussi d'échanges bénéfiques et de collaborations fructueuses. Ce travail n'aurait pas pu aboutir sans le concours précieux et généreux de personnes qui partagent la même passion pour la recherche scientifique. C'est avec un énorme plaisir que je remercie aujourd'hui toutes ceux qui m'ont soutenue durant ces années de travail pour faire réussir cet ouvrage.

L'auteur,
Dr. Abdelkrim Bouramoul

Résumé

Résumé

Cet ouvrage s'inscrit dans les domaines de la recherche d'information, du contexte et du Web sémantique, et vise à apporter des contributions sur deux axes complémentaires : d'abord l'amélioration du processus de recherche, puis l'amélioration de l'évaluation des outils de recherche. En effet, le grand nombre de documents disponibles sur le web a soulevé l'attractivité des outils de recherche d'information. Les moteurs de recherche actuels (tels que Google, Yahoo et Bing) sont les plus utilisés pour parcourir le contenu du Web. Toutefois, Ce type d'outil ne permet pas d'atteindre une grande efficacité et les résultats qu'il retourne ne correspondent pas toujours aux besoins des utilisateurs. Pour cette raison, nous utilisons deux mécanismes dans nos propositions : d'une part, le contexte relatif aux différents acteurs autour du processus de recherche, et d'une autre part la sémantique portée par les termes de la requête et les mots des documents. Le but est d'augmenter la sélectivité des outils de recherche d'information et d'améliorer la manière dont ces outils sont évalués. Nos propositions ont été expérimentée, et le gain en termes de pertinence des résultats retournés a été mesuré au moyen de trois moteurs de recherche (Google, Yahoo et Bing), les résultats montrent que la prise en compte du contexte et de la sémantique en recherche d'information augmente la pertinence des résultats retournés et réduit ainsi le bruit et le silence documentaire.

Mots-clés: Recherche d'Information, Web sémantique, Ontologie, Reformulation de Requêtes, Indexation des Documents, Contexte Statique et Dynamique, Profils Utilisateur, Campagnes d'Evaluation, Jugements de Pertinence.

Table des Matières

Remerciements 01
Résumé 02
Table des matières 03
Liste des figures 09
Liste des tableaux 11
Introduction générale 12
    I. Centre d'intérêt 13
    II. Contexte et problématique 14
    III. Contributions 15
    IV. Organisation de l'ouvrage 17

Partie 01 : Etat de l'Art 20
Chapitre 01 : La recherche d'information : principes, techniques et outils 21

1. Introduction 23
2. La recherche d'information 23
    2.1. Définitions 24
    2.2. Concept de base de la RI 24
    2.3. Les modèles de RI 26
        2.3.1 Modèle booléen 26
        2.3.2 Modèle vectoriel 27
        2.3.3 Modèle probabiliste 27
3. Système de recherche d'information 28
    3.1. Définition 28
    3.2. Processus de recherche d'information 29
        3.2.1. Indexation 29
        3.2.2. Interrogation 30
        3.2.3. Fonction de correspondance 31
    3.3. Reformulation de requêtes 31
        3.3.1 Expansion automatique des requêtes 32
        3.3.2 Combinaison des présentations des requêtes 33
        3.3.3 Réinjection de pertinence 33
4. Recherche d'information sur le web 34
    4.1. Les outils de recherche d'informations 34
        4.1.1. Les moteurs de recherche 35
        4.1.2. Les annuaires 38

Table des matières

    4.1.3. Les méta-moteurs 39
  4.2. Algorithmes des moteurs de recherche d'information 40
    4.2.1. Hyperlink-Induced Topic Search (HITS) 40
    4.2.2. PageRank 41
  4.3. Architecture des moteurs de recherche 42
    4.3.1. Architecture générale des premiers moteurs de recherche 42
    4.3.2. Architecture distribuée et adaptative 42
    4.3.3. Architecture moderne d'un moteur de recherche 43
  4.4. Défis des moteurs de recherche 44
5. Conclusion 45

Chapitre 02 : Contexte et sémantique, un besoin certain en recherche d'information 46

1. Introduction 48
2. Contexte et recherche contextuelle d'infirmation 48
  2.1. Définition du contexte 49
  2.2. Utilisation du contexte en recherche d'information 50
    2.1.1. Au début du processus de recherche 50
    2.2.2. Pendant le processus de recherche 50
    2.2.3. A la fin du processus de recherche 51
  2.3. Définition du profil 51
  2.4. Classification des profils et de leurs utilisations en RI 52
    2.4.1. Selon l'implication de l'utilisateur 52
    2.4.2. Selon le moment de la reformulation 52
    2.4.3. Selon la complexité 52
    2.4.4. Selon la nature d'information 53
  2.5. Système de recherche d'information contextuel 53
    2.5.1. Définitions 53
    2.5.2. Architecture d'un SRIC 53
3. Sémantique et recherche sémantique d'information 55
  3.1. Web sémantique 55
    3.1.1. Définition 55
    3.1.2. Principales composantes du web sémantique 56
  3.2. Les Ontologies 57
    3.2.1. Définition 58
    3.2.2. Rôles des ontologies 59
    3.2.3 Types d'ontologies 60
    3.2.4. Réutilisation des ontologies 60

3.2.5. Difficulté de concevoir une ontologie universelle 61
3.2.6. Recherche d'information guidée par les ontologies 62
3.3. Indexation sémantique en recherche d'information 63
   3.3.1. Besoin de l'indexation sémantique 63
   3.3.2. Indexation sémantique 64
   3.3.3. Indexation conceptuelle 65
4. Conclusion 65

Chapitre 3 : Evaluation des systèmes de recherche d'information 67

1. Introduction 69
2. Notion de pertinence 70
   2.1. Pertinence système 70
   2.2. Pertinence utilisateur 70
3. Protocole d'évaluation des systèmes de recherche d'information 71
   3.1. Collection de teste 71
   3.2. Mesures d'évaluation 72
      3.2.1. Rappel et Précision 72
      3.2.2. Courbe Rappel/Précision 73
      3.2.3. Précision moyenne 75
      3.2.4. Moyenne des précisions moyennes (MAP) 75
      3.2.5. Mesures de haute précision P@X 76
      3.2.6. R-Précision 76
      3.2.7. Mesures combinées 76
      3.2.8. Autres mesures d'évaluation d'un SRI 77
4. Campagnes d'évaluation 78
   4.1. TREC (Text REtrieval Conference) 79
   4.2. CLEF (Cross-Language Evaluation Forum) 79
5. Limites de l'évaluation classique des SRI 80
   5.1. Limites par rapport à l'utilisateur 80
   5.2. Limites par rapport aux jugements de pertinence 80
   5.3 Limites par rapport au corpus de documents et de requête 81
6. Mesures pour évaluation contextuelle et sémantique 81
   6.1. Mesures d'évaluation des systèmes contextuels 81
      6.1.1. La mesure RR (Relative Relevance) 81
      6.1.2. Les mesures CG et DCG 82
      6.1.3. La mesure GRP (Generalised Recall and Precision) 82
   6.2. Mesures de similarité entre concepts d'une ontologie 83
      6.2.1. Mesure de Resnik 83

Table des matières

    6.2.2. Mesure de Leacock et Chodorow 84
    6.2.3. Mesure de Lin 84
    6.2.4. Mesure de Wu et Palmer 84
7. Conclusion 85

Partie 02 : Contributions 86
Chapitre 04 : Contributions pour l'amélioration de la recherche d'information par la prise en compte du contexte et de la sémantique 87

1. Introduction 89
2. Prise en compte du contexte via les profils utilisateur dans les SRI sur le web.. 90
    2.1. Approches classiques pour la reformulation des requêtes 90
    2.2. Paramètres du système en termes de l'utilisation du profil 92
    2.3. Présentation de l'architecture proposée 93
        2.3.1. Module pour la capture du contexte statique 94
        2.3.2. Module pour la capture du contexte dynamique 94
        2.3.3. Module de reformulation 95
        2.3.4. Module de recherche 95
        2.3.5. Architecture générale 96
    2.4. PRESY : Un outil pour la reformulation contextuelle des requêtes dans les SRI.. 97
        2.4.1. Description générale 98
        2.4.2. Mécanisme pour la capture du contexte dynamique 98
        2.4.3. Reformulation de la requête utilisateur 99
    2.5. Conclusion 99
3. Prise en compte de la sémantique via les ontologies dans les SRI 100
    3.1. Les ontologies, un besoin certain en RI 100
    3.2. Paramètre de l'approche en termes d'utilisation de l'ontologie 101
        3.2.1 La source de concepts 102
        3.2.2. La méthode de sélection de concepts 102
        3.2.3. Le rôle de l'utilisateur 102
    3.3. Construction de l'ontologie 'AnimOnto' 102
    3.4. Architecture du système 104
        3.4.1. Processus d'indexation 105
        3.4.2. Processus de reformulation 106
        3.4.3. Processus de recherche 107
    3.5. AnimSe Finder : un outil de recherche sémantique guidée par ontologie ... 110
        3.5.1. Techniques et outils utilisés pour le développement de l'application.. 110
        3.5.2. Présentation de l'outil 'AnimSe Finder' 111
    3.6. Conclusion 113

4. Conclusion 113

Chapitre 05 : Amélioration de l'évaluation des SRI par la considération du contexte et de la sémantique 115

1. Introduction 117
2. Une nouvelle approche contextuelle pour l'évaluation qualitative des SRI 118
   2.1. Motivations 118
   2.2. Utilisation du contexte en RI 119
   2.3. Evaluation classique des SRI, principes et limites 119
      2.3.1. Les campagnes d'évaluation TREC et CLEF 119
      2.3.2. Limites des approches classiques pour l'évaluation des SRI 120
   2.4. Présentation détaillée de l'approche 121
      2.4.1. Evaluation des performances de l'outil de recherche 122
      2.4.2. Evaluation automatique de la pertinence des résultats 122
      2.4.3. Evaluation de la pertinence par jugement de l'utilisateur 124
   2.5. Application de l'approche proposée à l'évaluation des moteurs de recherche .. 124
      2.5.1 Module de gestion des interactions utilisateur/moteur de recherche 125
      2.5.2. Module d'évaluation à trois niveaux du contexte 126
   2.6. Conclusion 128
3. Une nouvelle approche pour l'évaluation sémantique des SRI sur le web 128
   3.1. Nature et difficultés liées à la structure des données utilisées 129
   3.2. Fondements de l'approche proposée 130
      3.2.1. Choix du modèle de recherche d'information 130
      3.2.2. Choix de la ressource linguistique 133
   3.3. Présentation de l'approche proposée 136
      3.3.1. Module de recherche 137
      3.3.2. Module d'extraction d'information 138
      3.3.3. Module de projection sémantique 139
      3.3.4. Module de calcul 140
      3.3.5. Module de classement 141
      3.3.6. Module de présentation 141
      3.3.7. Architecture générale 142
   3.4. Conclusion 143
4. Conclusion 144

Chapitre 06 : Expérimentations des différentes approches proposées 145

1. Introduction 147

Table des matières

2. Expérience de l'outil 'PRESY' 148
   2.1. Méthode utilisée 148
   2.2. Résultats et discussion 148
3. Expérimentation de l'outil 'AnimSe Finder' 149
   3.1. Métriques utilisées 149
   3.2. Caractéristiques de la collection de test et méthode d'évaluation 150
      3.2.1. La base documentaire 150
      3.2.2. Les référentiels 150
      3.2.3 Fonctionnement 151
   3.3. Résultats et discussion 151
4. Expérimentation de l'approche d'évaluation contextuelle 152
   4.1. Protocole utilisé 152
   4.2. Performance des moteurs de recherche 152
      4.2.1. Analyse des résultats pour les liens morts 153
      4.2.2. Analyse des résultats pour les pages parasites 153
      4.2.3 Analyse des résultats pour les résultats redondants 153
      4.2.4. Analyse des résultats pour le temps moyen de réponse 154
   4.3. Pertinence par jugement de l'utilisateur 154
   4.4. Pertinence des résultats par rapport à la requête 155
5. Expérimentation de l'approche d'évaluation sémantique 156
   5.1. Méthode utilisée 156
   5.2. Résultats et discussion 157
      5.2.1. Performances générales 157
      5.2.2. Performances par critère 158
6. Conclusion 159
Conclusion générale et perspectives 160
Références 163

Liste des figures

Figure 1.1 – Système de recherche d'information 28
Figure 1.2 – Processus de recherche d'information 29
Figure 1.3 – Indexation d'un document 30
Figure 1.4 – Techniques d'améliorations des SRI par reformulation de requêtes 32
Figure 1.5 – Exemple des pages pivots (Hubs) et autorités (Authorities) 41
Figure 1.6 – Architecture originale du moteur de recherche Altavista 42
Figure 1.7 – Architecture du système Harvest 43
Figure 1.8 – Architecture du moteur de recherche Google 44
Figure 2.1 – Architecture de base d'un SRI orienté contexte 54
Figure 2.2 – Une partie d'ontologie des formes géométriques 59
Figure 2.3 – Problème de réutilisation/utilisation 61
Figure 3.1 – Partition de la collection pour une requête 72
Figure 3.2 – Précision aux 11 points standards de rappel 74
Figure 4.1 – Module pour la récupération du contexte statique 94
Figure 4.2 – Module pour la récupération du contexte dynamique 95
Figure 4.3 – Module de reformulation contextuelle des requêtes 95
Figure 4.4 – Module de recherche contextuelle 96
Figure 4.5 – Architecture générale pour la reformulation contextuelle des requêtes 97
Figure 4.6 – Fenêtre principale de l'application 98
Figure 4.7 – Mécanisme pour la récupération des éléments contextuels 99
Figure 4.8 – Mécanisme de reformulation de la requête utilisateur 99
Figure 4.9 – Une partie de l'ontologie 'AminOnto' utilisée par l'outil 'AnimSe Finder'.... 104
Figure 4.10 – Architecture du processus d'indexation 106
Figure 4.11 – Architecture du processus de reformulation 107
Figure 4.12 – Architecture de processus de recherche 109
Figure 4.13 – Architecture générale du système pour la recherche sémantique d'information   109
Figure 4.14 – Interface principale de l'outil AnimSe Finde 112
Figure 4.15 – Mécanisme d'indexation sémantique 112
Figure 4.16 – Visualisation de l'ontologie AnimOnto 113
Figure 5.1 – Lien entre le type de contexte et le niveau d'évaluation 122
Figure 5.2 – Module de gestion des interactions utilisateur/moteurs de recherches 126
Figure 5.3 – Synthèse de l'approche d'évaluation pour les moteurs de recherche ... 127
Figure 5.4 – Modèles de recherche d'information 131
Figure 5.5 – Les concepts de WordNet correspondants au mot mouse 135
Figure 5.6 – Sous hiérarchie de WordNet correspondant au concept "dog" ... 136
Figure 5.7 – Lien entre les modules composant l'approche 137
Figure 5.8 – Module de recherche sémantique 138

Liste des figures

Figure 5.9 – Module d'extraction 139
Figure 5.10 – Module de projection sémantique 139
Figure 5.11 – Module de calcul 140
Figure 5.12 – Module de classement 141
Figure 5.13 – Module de présentation 142
Figure 5.14 – Architecture générale du système 143
Figure 6.1 – Résultats de l'expérimentation 149
Figure 6.2 – Evaluation de la performance des moteurs de recherche 153
Figure 6.3 – Evaluation de la pertinence par jugement de l'utilisateur 155
Figure 6.4 – Evaluation des résultats par rapport à la requête 156
Figure 6.5 – Comparaison de l'efficacité des deux moteurs de recherche 157
Figure 6.6 – Comparaison de l'efficacité des deux moteurs de recherche par critère 158

Liste des tableaux

Tableau 1.1 – Classement mondial des moteurs de recherche (2009/2010) ... 37
Tableau 1.2 – Comparaison entre annuaires et moteurs de recherche 39
Tableau 3.1 – Liste des documents restitués par un SRI pour la requête Q ... 73
Tableau 3.2 – Listes restituées par un système en réponse aux requêtes Q1 et Q2.. 75
Tableau 4.1 – Paramètres du système en terme de l'utilisation du profil 92
Tableau 5.1 – Différentes phases d'utilisation du contexte en RI 119
Tableau 5.2 – Synthèse des limites des approches classique pour l'évaluation des SRI ... 121
Tableau 5.3 – Caractéristiques de l'ontologie Wordnet 3.0 135
Tableau 6.1 – Apport de la reformulation contextuelle sur les trois moteurs de recherche 148
Tableau 6.2 – Caractéristiques de la collection de test 151
Tableau 6.3 – Résultats de l'évaluation 151
Tableau 6.4 – Evaluation de la performance des moteurs de recherche 152
Tableau 6.5 – Evaluation de la pertinence par jugement de l'utilisateur 154
Tableau 6.6 – Evaluation des résultats par rapport à la requête 155
Tableau 6.7 – Comparaison de l'efficacité des deux moteurs de recherche 157
Tableau 6.8 – Comparaison de l'efficacité des deux moteurs de recherche par critère 158

Introduction Générale

Introduction générale

Introduction générale

I. Centres d'intérêt

La Recherche d'Information (RI) est un domaine qui s'intéresse à la structure, à l'analyse, à l'organisation, au stockage, à la recherche et à la découverte de l'information. Le défi est de pouvoir, parmi le volume important de documents disponibles, trouver ceux qui correspondent au mieux à l'attente de l'utilisateur. L'opérationnalisation de la RI est réalisée par des outils informatiques appelés Systèmes de Recherche d'Information (SRI), ces systèmes ont pour but de mettre en correspondance une représentation du besoin de l'utilisateur avec une représentation du contenu des documents au moyen d'une fonction de correspondance. L'évaluation d'un SRI consiste à mesurer ses performances vis-à-vis du besoin de l'utilisateur, à cet effet les méthodes d'évaluation largement adoptées en RI sont basées sur un modèle qui fournit une base d'évaluation comparative de l'efficacité de différents systèmes moyennant des ressources communes. Ces ressources sont essentiellement des collections de tests, des requêtes préalablement construites, des jugements de pertinence et des métriques d'évaluation. La RI, les SRI et l'évaluation des SRI constituent trois éléments indissociables représentent le domaine dans lequel la problématique abordée dans cet ouvrage est posée.

L'architecture des outils de RI sur le web est généralement caractérisée par l'utilisation d'un index inversé et d'un ensemble de machines fonctionnant en parallèle, de même que Google. La pertinence des réponses est liée à un système de tri de pertinence construit sur la notion de lien existant entre les pages. Ce principe de recherche et d'évaluation est qualifier aujourd'hui de classique, et les approches en RI se sont orientées vers une nouvelle génération de systèmes de recherche basés sur l'accès contextuel et sémantique à l'information.

Le contexte fait référence aux connaissances relatives, aux intentions de l'utilisateur (tâche à accomplir, perception de la tâche, type d'information recherchée), à l'utilisateur lui-même (connaissance à-priori, profil, culture), à son environnement (environnement matériel, historique des tâches), au domaine du besoin en information (nature du corpus, domaines abordés) et aux caractéristiques du système (représentation des documents, méthode d'appariement requête/document, interface de visualisation, stratégies d'accès à l'information). L'objectif de la RI contextuelle est de mieux répondre aux besoins en information de l'utilisateur tout en intégrant le contexte de recherche dans la chaîne d'accès à l'information. De même la RI sémantique est généralement guidée par les ontologies qui sont « une spécification explicite et formelle d'une conceptualisation partagée ». L'utilisation d'ontologie en

RI a pour finalité de spécifier des connaissances qui seront interprétables à la fois par l'homme et par la machine. Le contexte et la sémantique constituent les deux notions principales représentant les mécanismes que nous utilisons comme support à la modélisation de nos propositions

II. Contexte et problématique

Cet ouvrage s'inscrit dans les domaines de la recherche d'information, du contexte et du Web sémantique. La recherche d'information sur le Web est actuellement principalement effectuée par les moteurs de recherche tels que Google, Yahoo et Bing. En ce qui concerne Google, l'algorithme de calcul de pertinence repose entre autres sur la combinaison d'une mesure de pondération des termes ou phrases indexés dans une page ainsi que d'une mesure prenant en compte le nombre des liens entrants de cette page et les ancres associés à ces liens. Cet algorithme présente le désavantage que les pages les plus référencées se retrouvent situées en tête de liste. L'optique du Web sémantique dans la recherche d'information est d'expliciter la connaissance contenue dans les sites Web et de la formaliser afin que les agents de recherche d'information puissent l'exploiter via des mécanismes d'inférences et fournir de meilleures réponses au besoin de l'utilisateur. D'autre part, la prise en compte du contexte, comme somme des éléments issus du profil de l'utilisateur, des interactions entre l'utilisateur et le système, ainsi que de l'environnement constitue une voie prometteuse pour améliorer la performance des systèmes de recherche d'information. La contextualisation en RI place l'utilisateur au centre du système, et vise à utiliser des paramètres locaux et adaptés au contexte, qui devraient contraindre la recherche en vue d'une meilleure adéquation entre les besoins plus ou moins explicités par l'utilisateur et les réponses.

Dans ce contexte, plusieurs questions se posent au sujet de l'amélioration du processus de recherche d'information, et de la manière dont les résultats retournés par un outil de recherche sont évalués. Les problématiques auxquelles nous cherchons à trouver des solutions dans le cadre de ce travail sont:

1. Comment peut-on améliorer la recherche d'information sur le web par la prise en compte du contexte et de la sémantique ?
2. Comment peut-on assurer une évaluation contextuelle et/ou sémantique des réponses retournées par les outils de recherche d'information sur le web ?

Ce travail a comme objectif de formaliser la connaissance implicite des sources documentaires en utilisant des ontologies d'un domaine, et d'intégrer ces ontologies dans les phases d'indexation et de requête. Un deuxième point de ce travail consiste à étudier les différentes notions de contexte en recherche d'information, et à formaliser l'apport du contexte dans le nouveau système. Cet travail devrait mettre en évidence de nouvelles méthodes d'évaluation de la recherche d'information, en utilisant ou en proposant des corpus, des jugements de pertinence et des critères d'évaluation adaptés pour la recherche d'information contextuelle et sémantique.

III. Contributions

Afin d'assurer une continuité dans l'enchaînement de nos contributions et procurer ainsi une meilleure couverture des objectifs de cet ouvrage, nous avons répartis nos propositions sur deux grands axes en RI :

- Un premier axe relatif à l'amélioration du processus de recherche d'information en elle-même, où nous avons proposé deux contributions :

    1. La première contribution [Bouramoul, 10], s'inscrit dans le domaine de la recherche contextuelle d'information sur le web et propose une nouvelle approche basée sur les profils utilisateurs pour la reformulation des requêtes. Cette approche utilise un mécanisme progressif pour catégoriser les utilisateurs en construisant une base d'éléments contextuels. Cette dernière est composée de deux types de contexte (statique et dynamique) servant la reformulation de la requête initiale afin de produire une nouvelle requête qui reflète mieux le besoin de l'utilisateur. L'approche proposée est supportée par l'outil 'PRESY' (*Profile-based Reformulation System*) que nous avons développé pour valider notre proposition.

    2. La deuxième contribution [Bouramoul, 11-b], propose une nouvelle approche de localisation et récupération des documents où la recherche est guidée par l'ontologie de domaine 'AnimOnto' développée à cet effet. L'approche que nous proposons utilise l'ontologie à deux stades différents : d'abord, pour l'indexation sémantique des documents. Dans cette étape les concepts représentatifs d'un document sont sélectionnés par une projection de l'ontologie sur le document en attachant les termes qu'il contient aux concepts de l'ontologie 'AnimOnto'. Puis lors de la reformulation sémantique. Dans cette étape nous exploitons les liens sémantiques entre les concepts pour élargir la requête. Pour valider ces propositions, nous avons mis en place l'outil 'AnimSe Finder' (*Animal Semantic Finder*) dans lequel les différentes phases de l'approche proposée ont été implémentées.

Introduction générale

- Un deuxième axe concerne cette fois l'amélioration de l'évaluation des SRI sur le web, où nous avons proposé deux contributions :

    1. Une première contribution [Bouramoul, 11-a] et [Bouramoul, 11-c] consiste à proposer une nouvelle approche contextuelle pour l'évaluation des SRI. Cette approche prend en compte le contexte lors de l'évaluation, et cela à trois niveaux complémentaires : D'abord le contexte du système est considéré en estimant la capacité de l'outil de recherche à écarter les liens mots, les résultats redondants et les pages parasites. Dans un deuxième niveau, notre approche capitalise le contexte de la requête en se basant sur une formule incrémentale pour le calcul de la pertinence des résultats retournés par rapport à la requête émise. Le dernier niveau de l'approche prend en compte les jugements de l'utilisateur via son contexte statique et dynamique.
    2. La deuxième contribution [Bouramoul, 11-d] vise à proposer une approche pour l'évaluation sémantique à base d'ontologie des résultats retournés par les moteurs de recherche. L'idée consiste à définir un mécanisme pour générer un nouveau classement sémantique des résultats. À cet effet, nous utilisons l'ontologie WordNet pour identifier les différents sens qui peuvent être portés par la requête utilisateur en rajoutant ainsi la dimension sémantique au processus d'évaluation. Cela est fait par la construction d'un 'vecteur sémantique' contenant l'ensemble de termes à pondérer et les concepts qui leurs sont sémantiquement liés. Le vecteur sémantique est utilisé par la suite en association avec le modèle vectoriel pour construire 'les vecteurs documents' et 'le vecteur requête' en se basant sur des coefficients calculés selon la formule de pondération 'Tf/Idf'. Ces deux vecteurs sont utilisés pour calculer le degré de similarité sémantique entre la requête et chacun des documents retournés par le moteur de recherche. Les classements par défaut proposés par les moteurs de recherche sont enfin comparés au nouveau classement sémantique généré par notre système et un score de pertinence sémantique est affecté à chaque moteur.

- Enfin, un ensemble d'expérimentations ont été réalisés durant ce travail de recherche, L'objectif de ces expérimentations était double : d'abord, prouver l'applicabilité des différentes approches proposées, puis comparer, tester et valider chacune de nos contributions. A cet effet, nous avons confronté nos propositions à de vrais systèmes de recherche qui sont essentiellement les moteurs de recherche Google, Yahoo et Bing. Pour chaque expérience réalisée nous avons fait appel à une méthode ou un protocole différent selon la nature de la contribution à expérimenter. Dans certaines situations expérimentales nous avons utilisé nos propres outils de recherche qui capitalisent les fondements de nos propositions, à savoir l'utilisation du contexte et des ontologies, mais les résultats à tester ont été toujours ceux proposés par les trois moteurs de recherche.

IV. Organisation de l'ouvrage

L'ensemble de chapitres composant cet ouvrage sont organisés en deux grandes parties : La première partie est un état de l'art présentant respectivement : le domaine dans lequel la problématique de recherche est posée (la RI et les SRI), les outils que nous avons utilisé comme support de modélisation dans nos contribution (le contexte et la sémantique) et enfin, la manière selon laquelle les SRI sont évalués. Dans la deuxième partie, nous présentons en détail nos contributions. Plus précisément les chapitres de cet ouvrage se présentent comme suit : Dans la première partie nous avons abordé l'état de l'art, cette partie comprend trois chapitres

Le premier chapitre présente les concepts de base de la RI. Nous commençons par donner une définition de la RI et nous décrivons les différents modèles servant de cadre théorique pour la modélisation du processus de RI. Nous illustrons également le processus de RI en présentant les étapes d'indexation, d'interrogation et de mise en correspondance, ainsi que les techniques de reformulation des requêtes. Par la suite nous présentons les outils de RI sur le web, les algorithmes des moteurs de recherche et l'architecture générale de ce type d'outil. Enfin, nous terminons par une synthèse des problèmes de la RI classique.

Le deuxième chapitre traite de l'émergence de la RI contextuelle et sémantique, il est organisé en deux parties : dans la première, nous abordons les différentes définitions du contexte et les possibilités de son utilisation en RI, nous présentons également la notion des profils utilisateur et nous donnons une classification des profils et de leurs utilisations en RI. Dans la deuxième partie nous définissons le web sémantique ainsi que ses principaux composants, nous revenons également sur la notion d'ontologie en donnant sa définition, ses différents types, son rôle et nous répondons à la question comment l'ontologie peut guider la recherche d'information ?

Le troisième chapitre présente les fondements théoriques ainsi que les principaux mécanismes pour l'évaluation des SRI. Nous commençons par présenter la notions de pertinence, nous décrivons par la suite le principe des protocoles d'évaluation et les fondements sur lesquels se base un protocole, plus précisément nous présentons les différentes mesures d'évaluations standards des systèmes de recherche. Dans la section suivante nous présentons les campagnes d'évaluation TREC et CLEF comme modèle du paradigme système. Enfin nous cernons les limites des approches classiques pour l'évaluation des SRI et nous présentons les nouvelles métriques adaptées aux systèmes de recherche contextuelle et sémantique.

Dans une deuxième partie, nous avons mis en relief nos contrebutions, cette partie comprend trois chapitres :

Le quatrième chapitre est organisé en deux grandes sections reflétant nos deux contributions pour l'amélioration du processus de RI : dans la première section nous présentons notre contribution relative à la prise en compte du contexte via les profils utilisateur dans les SRI sur le web. A cet effet nous commençons par une synthèse des différentes approches pour la reformulation de requêtes, nous présentons par la suite l'approche de reformulation contextuelle que nous proposons en décrivant respectivement l'architecture proposée et le prototype développé. La deuxième partie du chapitre est consacrée à notre contribution relative à la prise en compte de la sémantique via les ontologies dans les SRI. À cet effet nous présentons une synthèse de l'utilisation des ontologies dans le domaine de la RI, nous décrivons par la suite les choix que nous avons adoptés pour définir les paramètres du système à développer, nous présentons également l'architecture de l'outil que nous proposons et une description de son implémentation.

Le cinquième chapitre présente nos deux contributions dans le domaine de l'évaluation des SRI, il est structuré en deux grandes parties: Dans la première partie nous commencerons par donner une synthèse sur l'utilisation du contexte dans le domaine de la RI, nous exposons par la suite un panorama des approches classiques pour l'évaluation des SRI et nous mettrons l'accent sur les limites et les lacunes de ces dernières. Par la suite nous abordons notre contribution en présentant l'approche d'évaluation contextuelle que nous proposons et son application pour évaluer les moteurs de recherche. Dans la deuxième partie du chapitre, nous commençons par une description de la nature des informations à traiter et nous définissons les paramètres de notre proposition ainsi que les motivations de nos choix en termes de modèle pour la recherche d'information et de la ressource linguistique utilisées. Nous présentons enfin les modules servant à construire l'architecture générale de notre proposition.

Le sixième chapitre présente les quatre expérimentations que nous avons réalisées dans le cadre de ce travail. Il commence par présenter l'expérimentation de l'outil 'PRESY', puis celle de l'outil 'AnimSe Finder'. Il décrit par la suite les expérimentations relatives respectivement à l'approche d'évaluation contextuelle et à celle basée sur les ontologies. Nous illustrons plus précisément pour chaque

Introduction générale

partie le protocole utilisé durant l'expérimentation et nous discutons les résultats obtenus.

Une conclusion générale du travail fait cet ouvrage est présentée à la fin du manuscrit, elle résume les points essentiels du travail réalisé et présente quelques perspectives de recherche suggérées par le bilan de ce travail.

Partie 1
Etat de l'art

Chapitre 1

La recherche d'information : principes, techniques et outils

Chapitre 1

La Recherche d'Information : Principes, Techniques et Outils

1. Introduction 23
2. La recherche d'information 23
   2.1. Définitions 24
   2.2. Concept de base de la RI 24
   2.3. Les modèles de RI 26
      2.3.1 Modèle booléen 26
      2.3.2 Modèle vectoriel 27
      2.3.3 Modèle probabiliste 27
3. Système de recherche d'information 28
   3.1. Définition 28
   3.2. Processus de recherche d'information 29
      3.2.1. Indexation 29
      3.2.2. Interrogation 30
      3.2.3. Fonction de correspondance 31
   3.3. Reformulation de requêtes 31
      3.3.1 Expansion automatique des requêtes 32
      3.3.2 Combinaison des présentations des requêtes 33
      3.3.3 Réinjection de pertinence 33
4. Recherche d'information sur le web 34
   4.1. Les outils de recherche d'informations 34
      4.1.1. Les moteurs de recherche 35
      4.1.2. Les annuaires 38
      4.1.3. Les méta-moteurs 39
   4.2. Algorithmes des moteurs de recherche d'information 40
      4.2.1. Hyperlink-Induced Topic Search (HITS) 40
      4.2.2. PageRank 41
   4.3. Architecture des moteurs de recherche 42
      4.3.1. Architecture générale des premiers moteurs de recherche 42
      4.3.2. Architecture distribuée et adaptative 42
      4.3.3. Architecture moderne d'un moteur de recherche 43
   4.4. Défis des moteurs de recherche 44
5. Conclusion 45

1. INTRODUCTION

La Recherche d'Information (RI) peut être définie comme une activité dont la finalité est de localiser et de délivrer un ensemble de documents à un utilisateur en fonction de son besoin en informations. Le défi est de pouvoir, parmi le volume important de documents disponibles, trouver ceux qui correspondent au mieux à l'attente de l'utilisateur. L'opérationnalisation de la RI est réalisée par des outils informatiques appelés Systèmes de Recherche d'Information (SRI), ces systèmes ont pour but de mettre en correspondance une représentation du besoin de l'utilisateur (requête) avec une représentation du contenu des documents (fiche ou enregistrement) au moyen d'une fonction de comparaison (ou de correspondance). L'essor du web a remis la RI face à de nouveaux défis d'accès à l'information, il s'agit cette fois de retrouver une information pertinente dans un espace diversifié et de taille considérable. Ces difficultés ont donné naissance à une nouvelle discipline appelée Recherche d'Information sur le Web. Ces trois éléments indissociables qui sont la RI, les SRI et la RI sur le Web, constituent le domaine dans lequel la problématique abordée dans cet ouvrage est posée, ils feront donc l'objet de ce chapitre.

Ce chapitre est organisé en trois grandes parties : la première présente les concepts de base de la RI et les différents modèles qui ont été proposés pour fournir un cadre théorique pour la modélisation du processus de RI. La deuxième partie décrit le processus de RI, à savoir les étapes d'indexation, d'interrogation et de mise en correspondance, ainsi que les techniques de reformulation des requêtes. La troisième partie sera consacrée à la RI sur le web en présentant les outils de recherche d'informations sur le web, les algorithmes des moteurs de recherche d'information et l'architecture générale des moteurs de recherche. Nous terminons le chapitre par une synthèse des problèmes de la recherche d'information classique.

2. LA RECHERCHE D'INFORMATION

La recherche d'information est un domaine historiquement lié aux sciences de l'information et à la bibliothéconomie qui ont toujours eu le souci d'établir des représentations des documents dans le but d'en récupérer des informations à travers la construction d'index. L'informatique a permis le développement d'outils pour traiter l'information et établir la représentation des documents au moment de leur indexation, ainsi que pour rechercher l'information. On peut aujourd'hui dire que la recherche d'information est un champ transdisciplinaire qui peut être étudié par plusieurs disciplines utilisant des approches qui devraient permettre de trouver des solutions pour améliorer son efficacité.

2.1. Définitions

Plusieurs définitions de la recherche d'information ont vu le jour dans ces dernières années, nous citons dans ce contexte les trois définitions suivantes :

- *Définition 1* : La recherche d'information est une activité dont la finalité est de localiser et de délivrer des granules documentaires à un utilisateur en fonction de son besoin en informations. [Hernandez, 06]
- *Définition 2* : La recherche d'information est une branche de l'informatique qui s'intéresse à l'acquisition, l'organisation, le stockage, la recherche et la sélection d'information [Boubekeur, 08].
- *Définition 3* : La recherche d'information est une discipline de recherche qui intègre des modèles et des techniques dont le but est de faciliter l'accès à l'information pertinente pour un utilisateur ayant un besoin en information [Daoud, 09].

Toutes ces définition partagent l'idée que la RI à pour objet d'extraire d'un document ou d'un ensemble de documents les informations pertinentes qui reflètent un besoin d'information.

2.2. Concepts de base de la RI

La recherche d'information est traditionnellement considérée comme l'ensemble des techniques permettant de sélectionner à partir d'une collection de documents, ceux qui sont susceptibles de répondre aux besoins de l'utilisateur. La gestion de ces informations implique le stockage, la recherche et l'exploration des documents pertinents. De cette constatation plusieurs concepts clés peuvent être définis, nous avons donc trouvé utile de les clarifier. A cet effet une synthèse des travaux de [Baziz, 05] et [Kompaoré, 08] nous a permis de dégager les concepts suivants:

Collection de documents : la collection de documents (ou fond documentaire) constitue l'ensemble des informations exploitables et accessibles. Elle est constituée d'un ensemble de documents. Dans le cas général et pour un souci d'optimalité, la base constitue des représentations simplifiées mais suffisantes pour ces documents. Ces représentations sont étudiées de telles sortes que la gestion (ajout suppression d'un document) ou l'interrogation (recherche) de la base se font dans les meilleures conditions de coût.

Document : le document constitue l'information élémentaire d'une collection de documents. L'information élémentaire, appelée aussi granule de document, peut représenter tout ou une partie d'un document.

Besoin d'information : la notion de besoin en information en recherche d'informations est souvent assimilée au besoin de l'utilisateur. Trois types de besoin utilisateur ont été définis par [Ingwersen, 92] :
- *Besoin vérificatif :* l'utilisateur cherche à vérifier le texte avec les données connues qu'il possède déjà. Il recherche donc une donnée particulière, et sait même souvent comment y accéder. La recherche d'un article sur Internet à partir d'une adresse connue serait un exemple d'un tel besoin. Un autre exemple serait de chercher la date de publication d'un ouvrage dont la référence est connue. Un besoin de type vérificatif est dit stable, c'est-à-dire qu'il ne change pas au cours de la recherche.
- *Besoin thématique connu :* l'utilisateur cherche à clarifier, à revoir ou à trouver de nouvelles informations dans un sujet et un domaine connus. Un besoin de ce type peut être stable ou variable ; il est très possible en effet que le besoin de l'utilisateur s'affine au cours de la recherche. Le besoin peut aussi s'exprimer de façon incomplète, c'est-à-dire que l'utilisateur n'énonce pas nécessairement tout ce qu'il sait dans sa requête mais seulement un sous-ensemble. C'est ce qu'on appelle dans la littérature le label.
- *Besoin thématique inconnu :* cette fois, l'utilisateur cherche de nouveaux concepts ou de nouvelles relations en dehors des sujets ou des domaines qui lui sont familiers. Le besoin est intrinsèquement variable et est toujours exprimé de façon incomplète.

Requête : la requête constitue l'expression du besoin en information de l'utilisateur. Elle représente l'interface entre le SRI et l'utilisateur. Divers types de langages d'interrogation sont proposés dans la littérature. Une requête est un ensemble de mots clés, mais elle peut être exprimée en langage naturel, booléen ou graphique.

Modèle de représentation : un modèle de représentation est un processus permettant d'extraire d'un document ou d'une requête, une représentation paramétrée qui couvre au mieux son contenu sémantique. Ce processus de conversion est appelé indexation. Le résultat de l'indexation constitue le descripteur du document ou de la requête, qui est une liste de termes ou groupes de termes (concepts), significatifs pour l'unité textuelle correspondante, auxquels sont associés généralement des poids, pour différencier leurs degrés de représentativité du contenu sémantique de l'unité en question. L'ensemble des termes reconnus par le SRI est rangé dans une structure appelée dictionnaire constituant le langage d'indexation. Ce type de langage garantit le rappel de documents lorsque la requête utilise dans une large mesure les termes du dictionnaire. En revanche, il y a risque important de perte d'informations lorsque la requête s'éloigne de ce vocabulaire.

Modèle de recherche : il représente le modèle du noyau d'un SRI. Il comprend la fonction de décision fondamentale qui permet d'associer à une requête, l'ensemble des documents pertinents à restituer. Il est utilisé pour la recherche d'informations proprement dite et est étroitement lié au modèle de représentation des documents et des requêtes.

2.3. Les modèles de recherche d'information

Un modèle de RI a pour rôle de fournir une formalisation du processus de RI et un cadre théorique pour la modélisation de la mesure de pertinence. Il existe un grand nombre de modèles de RI textuelle développé dans la littérature. Ces modèles ont en commun le vocabulaire d'indexation basé sur le formalisme mots clés et diffèrent principalement par le modèle d'appariement requête-document. Le vocabulaire d'indexation $V = \{t_i\}$, $i \in \{1, ..., n\}$ est constitué de n mots ou racines de mots qui apparaissent dans les documents. Selon [Baeza, 1999], un modèle de RI est défini par un quadruplet (D, Q, F, R(q,d)) : où

– D est l'ensemble de documents
– Q est l'ensemble de requêtes
– F est le schéma du modèle théorique de représentation des documents et des requêtes
– R(q,d) est la fonction de pertinence du document d à la requête q

Nous présentons dans la suite les principaux modèles de RI : le modèle booléen, le modèle vectoriel et le modèle probabiliste.

2.3.1. Modèle booléen

Le modèle booléen [Salton, 71] est basé sur la théorie des ensembles. Dans ce modèle, les documents et les requêtes sont représentés par des ensembles de mots clés. Chaque document est représenté par une conjonction logique des termes non pondérés qui constitue l'index du document. Un exemple de représentation d'un document est comme suit : $d = t_1 \wedge t_2 \wedge t_3 ... \wedge t_n$.

Une requête est une expression booléenne dont les termes sont reliés par des opérateurs logiques (OR, AND, NOT) permettant d'effectuer des opérations d'union, d'intersection et de différence entre les ensembles de résultats associés à chaque terme. Un exemple de représentation d'une requête est comme suit : $q = (t_1 \wedge t_2) \vee (t_3 \wedge t_4)$. La fonction de correspondance est basée sur l'hypothèse de présence/absence des termes de la requête dans le document et vérifie si l'index de chaque document d_j implique l'expression logique de la requête q. Le résultat de cette fonction est donc binaire est décrit comme suit : RSV (q, d) = {1,0}.

2.3.2. Modèle vectoriel

Dans ces modèles [Salton, 71], la pertinence d'un document vis-à-vis d'une requête est définie par des mesures de distance dans un espace vectoriel. Le modèle vectoriel représente les documents et les requêtes par des vecteurs d'un espace à n dimensions, les dimensions étant constituées par les termes du vocabulaire d'indexation. L'index d'un document d_j est le vecteur $\vec{d}_j = (w_{1,j}, w_{2,j}, w_{3,j}, .., w_{n,j})$, où $w_{k,j} \in [0\ 1]$ dénote le poids du terme t_k dans le document d_j. Une requête est également représentée par un vecteur $\vec{q} = (w_{1,q}, w_{2,q}, w_{3,q}, .., w_{n,q})$, où $w_{k,q}$ est le poids du terme t_k dans la requête q.

La fonction de correspondance mesure la similarité entre le vecteur requête et les vecteurs documents. Une mesure classique utilisée dans le modèle vectoriel est le cosinus de l'angle formé par les deux vecteurs :

$$RSV(q, d_j) = \cos(\vec{q}, \vec{d}_j)$$

Plus les vecteurs sont similaires, plus l'angle formé est petit, et plus le cosinus de cet angle est grand. A l'inverse du modèle booléen, la fonction de correspondance évalue une correspondance partielle entre un document et une requête, ce qui permet de retrouver des documents qui ne reflètent pas la requête qu'approximativement. Les résultats peuvent donc être ordonnés par ordre de pertinence décroissante.

2.3.3 Modèle probabiliste

Ce modèle est fondé sur le calcul de la probabilité de pertinence d'un document pour une requête [Robertson, 76], [Salton, 83], [Maron, 60]. Le principe de base consiste à retrouver des documents qui ont en même temps une forte probabilité d'être pertinents, et une faible probabilité d'être non pertinents. Etant donné une requête utilisateur Q et un document D, il s'agit de calculer la probabilité de pertinence du document pour cette requête. Deux possibilités se présentent : R, D est pertinent pour q et $\bar{R}$, D n'est pas pertinent pour q. Les documents et les requêtes sont représentés par des vecteurs booléens dans un espace à n dimensions. Un exemple de représentation d'un document dj et une requête q est le suivant : dj = $(w_{1,j}, w_{2,j}, w_{3,j}, .., w_{n,j})$, q = $(w_{1,q}, w_{2,q}, w_{3,q}, .., w_{n,q})$. Avec $w_{k,j} \in [0\ 1]$ et $w_{k,q} \in [0\ 1]$. La valeur de $w_{k,j}$ (resp. $w_{k,q}$) indique si le terme t_k apparaît ou non dans le document d_j (resp. q). Le modèle probabiliste évalue la pertinence du document dj pour la requête q. Un document est sélectionné si la probabilité que le document d soit pertinent, notée $p(R/D)$, est supérieure à la probabilité que d soit non pertinent pour q, notée $p(R/D)$ où R est l'événement de pertinence et $\bar{R}$ est l'événement de non pertinence. Le score d'appariement entre le document D et la requête Q, noté RSV(Q,D) est donné par :

$$RSV(Q,D) = \frac{P(R/D)}{P(\bar{R}/D)}$$

Ces probabilités sont estimées par de probabilités conditionnelles selon qu'un terme de la requête est présent, dans un document pertinent ou dans un document non pertinent. Cette mesure de similarité entre la requête et les documents peut se calculer par différentes formules. Ce modèle a donné lieu à de nombreuses extensions. Il est à l'origine du système OKAPI. Le modèle Okapi BM25 a été développé par Robertson en 1994 dans lequel le calcul du poids d'un terme dans un document intègre des aspects relatifs à la fréquence locale des termes, leur rareté et la longueur des documents :

$$w_{td} = \log\left(\frac{N - df + 0.5}{df + 0.5}\right) * \frac{(K_1 + 1) * TF}{K_1 * \left((1 - b) + b * \frac{dl}{avgdl} + tf\right)}$$

où dl = moy$_{di \in D}$(dl$_i$) et k_1, b sont des paramètres qui dépendent de la collection ainsi que du type des requêtes.

3. SYSTEME DE RECHERCHE D'INFORMATION

3.1. Définition

Selon Alan Smeaton [Smeaton, 89] « Le but d'un système de recherche d'information est de retrouver des documents en réponse à une requête des usagers, de manière à ce que les contenus des documents soient pertinents au besoin initial d'information de l'usager ».

Un système de recherche d'information est défini par un langage de représentation des documents (qui peut s'appliquer à différents corpus de documents) et des requêtes qui expriment un besoin de l'utilisateur (sous forme de mots-clés par exemple), et une fonction de mise en correspondance du besoin de l'utilisateur et du corpus de documents en vue de fournir comme résultats des documents pertinents pour l'utilisateur, c'est-à-dire répondant à son besoin d'information [Tambellini, 07]. La figure 1.1, présente un système de recherche d'information.

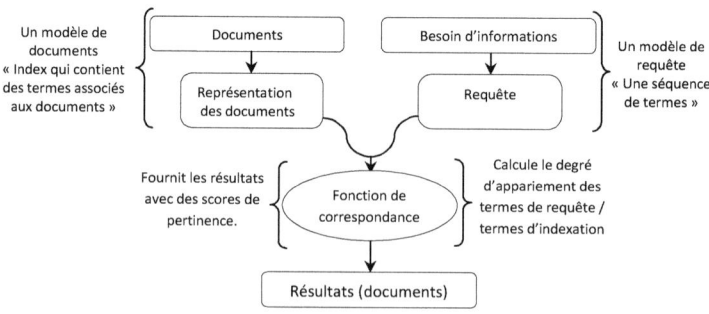

Figure 1.1 – *Système de Recherche d'Information*

3.2. Processus de recherche d'information

Un système de recherche d'information manipule un corpus de documents qu'il transpose à l'aide d'une fonction d'indexation en un corpus indexé. Ce corpus lui permet de résoudre des requêtes traduites à partir de besoins utilisateur. Un tel système repose sur la définition d'un modèle de recherche d'information qui effectue ces deux transpositions et qui fait correspondre les documents aux requêtes. La transposition d'un document en un document indexé repose sur un modèle de document. De même, la transformation du besoin utilisateur en requête repose sur un modèle de requête. Enfin, la correspondance entre une requête et des documents s'établit par une relation de pertinence [Maisonnasse, 08]. La figure 1.2, présente les différentes étapes d'un processus de recherche d'information.

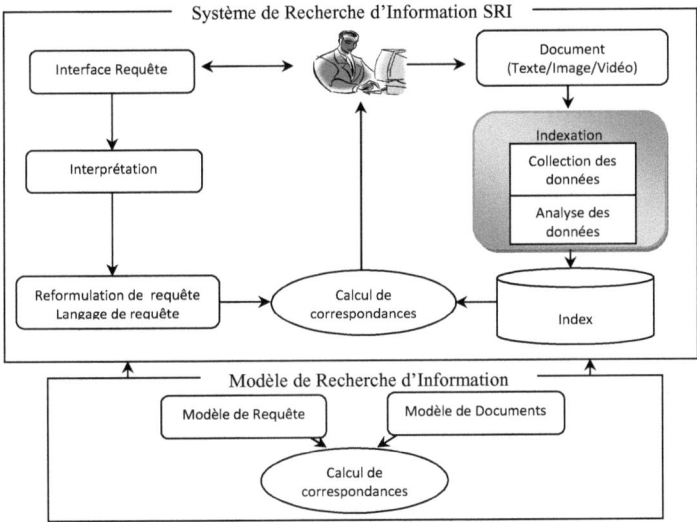

Figure 1.2 – *Processus de recherche d'information [Charhad, 05]*

3.2.1. Indexation

L'indexation consiste à extraire des documents les mots les plus discriminants encore appelés index. Cette première tâche est généralement effectuée en marge du processus de recherche car, la construction des index peut être assez longue en fonction du nombre de documents de la collection ainsi que de la taille des documents. Les index ont un caractère réducteur car tous les termes d'un document ne sont pas importants à prendre en compte pour la recherche. L'indexation peut se faire de 3 manières différentes : manuellement (faite par un humain), de manière semi-automatique (par exemple créée par un humain assisté d'un programme proposant des termes), ou de manière automatique (créée par un programme informatique) [Kompaoré, 08].

Bien que l'indexation se base sur des techniques relativement établies, il peut y avoir plusieurs indexations différentes d'un même texte, aussi valables les unes que les autres, en fonction de l'usage qui doit en être fait et du public auquel elles s'adressent. L'indexation se décompose en trois phases schématisées dans la figure 1.3.
- L'extraction des termes du document.
- La sélection des termes discriminatifs pour un document.
- La pondération des termes.

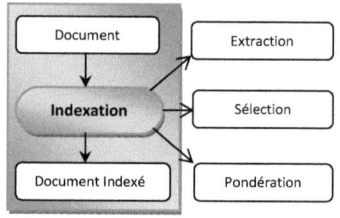

Figure 1.3 – *Indexation d'un document [Tambellini, 07]*

3.2.2. Interrogation

Il s'agit de l'expression du besoin d'information de l'utilisateur dans la forme imposée par le système, la recherche dans le corpus, et la présentation des résultats. Cette phase nécessite un modèle de représentation du besoin de l'utilisateur, appelé modèle de requêtes, ainsi qu'une fonction de correspondance qui doit évaluer la pertinence des documents par rapport à la requête. La réponse du système est un ensemble de références à des documents qui obtiennent une valeur de correspondance élevée. Cet ensemble est généralement présenté sous la forme d'une liste ordonnée suivant la valeur de correspondance [Charhad, 05].

La satisfaction de l'utilisateur concernant les documents retournés par le système, n'est pas toujours acquise. Certains systèmes permettent aux utilisateurs de marquer parmi les documents résultats ceux qu'ils jugent pertinents ou non pertinents. Ces jugements sont alors pris en compte pour définir une nouvelle requête, il s'agit du processus de reformulation. Ce processus n'est pas toujours automatique, une stratégie classique d'utilisation des systèmes de recherche d'information consiste à reformuler manuellement la requête en tenant compte des documents pertinents et non pertinents obtenus [Khelif, 06].

3.2.3. Fonction de correspondance

Tout système de recherche d'information s'appuie sur un modèle de recherche d'information. Ce modèle se base sur une fonction de correspondance qui met en relation les termes d'un document avec ceux d'une requête en établissant une relation d'égalité entre ces termes. Cette relation d'égalité représente la base de la fonction de correspondance et, par la même, du système de recherche d'information [Tambellini, 07].

Il existe un certain nombre de modèles théoriques dans la littérature les plus connus étant le « Modèle Booléen», le «Modèle Vectoriel», et le «Modèle Probabiliste ». Dans le modèle booléen, les requêtes sont représentés sous forme de termes reliés par des opérateurs booléens (ET, OU, NON, . . .). Le modèle vectoriel considère les documents et les requêtes comme des vecteurs pondérés, chaque élément du vecteur représentant le poids d'un terme dans la requête ou le document. Le modèle probabiliste tente d'estimer la probabilité qu'un document donné soit pertinent pour une requête donnée [Kompaoré, 08]. La description de ces trois modèles fait l'objet d'une partie dans le troisième chapitre.

3.3. Reformulation de requêtes

Dans les SRI, la requête initiale seule est souvent insuffisante pour permettre la sélection de documents répondant au besoin de l'utilisateur. De ce fait, plusieurs techniques ont été proposées pour améliorer les performances des SRI. Ces méthodes apportent des solutions aux deux principales questions :

1. Comment peut-on retrouver plus de documents pertinents vis-à-vis d'une requête donnée?

2. Comment peut-on mieux exprimer la requête de l'utilisateur de manière à mieux répondre à son besoin?

La figure 1.4, présente les principales techniques d'amélioration des SRI par reformulation de la requête initiale en y ajoutant de nouveaux termes. La reformulation peut se faire par expansion automatique de la requête, par combinaison de différentes présentations de la requête ou par réinjection de pertinence. Nous présentons dans ce qui suit ces trois principales techniques.

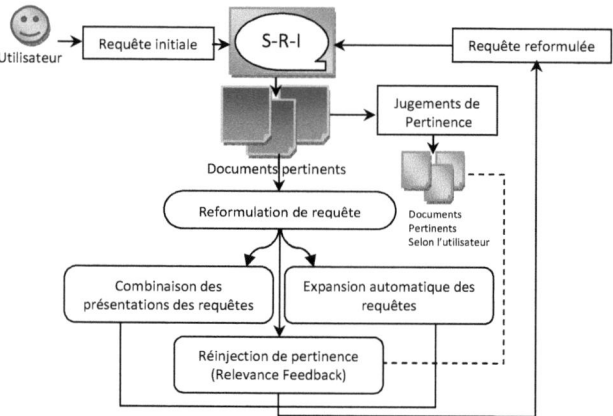

Figure 1.4 – *Techniques d'améliorations des SRI par reformulation de requêtes*

3.3.1 Expansion automatique des requêtes

L'expansion directe de la requête consiste à rajouter à la requête initiale des termes issus de ressources linguistiques existantes ou bien de ressources construites à partir des collections. Plus précisément, uu niveau des ressources linguistiques, le but est d'utiliser un vocabulaire contrôlé issu de ressources externes. On peut alors utiliser des ontologies linguistiques (citons par exemple Wordnet [Miller, 94]. On peut également ajouter à la requête des variantes morphologiques des termes employés par l'utilisateur. Le but de ce mécanisme est d'assurer la restitution des documents indexés par des variantes des termes composant la requête.

Les associations établies manuellement traduisent généralement des relations de synonymie et de hiérarchie. Les thésaurus construits manuellement sont un moyen efficace pour l'expansion de requête. Cependant, leur construction et la maintenance des informations sémantiques qu'ils contiennent sont coûteuses en temps et nécessitent le recours à des experts des domaines considérés. Pour cette raison, ils restent peu utilisés par les SRI.

En ce qui concerne la seconde catégorie de ressources, elles sont construites en s'appuyant sur une analyse statistique des collections. Il s'agit de chercher des associations de termes afin d'ajouter des termes voisins à la requête. Il existe aussi d'autres méthodes entièrement automatiques telles que le calcul des liens contextuels entre termes [Claveau, 04] et la classification automatique de documents [Chevallet,97].

Les associations créées automatiquement sont généralement basées sur la cooccurrence des termes dans les documents. Les liens inter-termes renforcent la notion de pertinence des documents par rapport aux requêtes.

3.3.2 Combinaison des présentations des requêtes

Plusieurs approches de RI [Simonnot, 96] utilisent une seule représentation de requête comparée à plusieurs représentations de document (algorithmes multiples de recherche). Il a été montré dans [Lee, 98] qu'une recherche plus efficace peut être atteinte en exploitant des représentations multiples de requêtes ou des algorithmes de recherche différents ou encore en utilisant différentes techniques de réinjection.

Une combinaison des représentations de requêtes peut augmenter le rappel d'une requête, tandis que la combinaison des algorithmes de recherche peut augmenter la précision. La base théorique de la combinaison des évidences a été présentée par Ingwersen [Ingwersen, 94]. Il a en particulier montré que des représentations multiples d'un même objet, par exemple une requête, permettent une meilleure perception de l'objet qu'une seule bonne représentation. Cependant, il est important que chacune des sources d'évidences utilisées fournisse non seulement un point de vue différent sur l'objet, mais que ces points de vue aient différentes bases cognitives. Les représentations multiples d'une requête peuvent donner différentes interprétations du besoin en information.

Une des approches de combinaison de multiples représentations de requêtes est proposée dans [Belkin, 94]. Elle consiste à calculer les scores des documents directement depuis la fonction d'appariement document-requête en utilisant le même système de recherche mais différentes versions de la requête. Ensuite, les résultats obtenus par chacune des versions sont combinés pour avoir une seule liste finale. Ces versions sont issues soit des expressions d'une même requête par des chercheurs différents, soit des présentations d'une même requête dans des langages différents.

Tamine et al, proposent dans [Tamine, 00] une technique de recherche d'information basée sur les algorithmes génétiques, plus précisément, elle propose d'utiliser une population de requêtes qui évolue à chaque étape de la recherche et tente de récupérer le maximum de documents pertinents.

3.3.3 Réinjection de pertinence

Le processus de réinjection de pertinence, comporte principalement trois étapes : l'échantillonnage, l'extraction des évidences et la réécriture de la requête.

- L'échantillonnage : cette étape permet de construire un échantillon de documents à partir des éléments jugés par l'utilisateur. Cet échantillon est caractérisé par le nombre d'éléments jugés et le nombre d'éléments jugés pertinents.
- L'extraction des évidences est l'étape la plus importante, elle consiste en général à extraire les termes pertinents qui serviront à l'enrichissement de la requête initiale. Plusieurs approches ont été développées, la plus reconnue est celle de Rocchio [Rocchio, 71] adaptée au modèle vectoriel.
- La réécriture de la requête consiste à construire une nouvelle requête en combinant la requête initiale avec les informations extraites dans l'étape précédente.

Le processus général de la réinjection de pertinence peut être renouvelé plusieurs fois pour une même séance de recherche : on parle alors de la réinjection de pertinence à itérations multiples.

D'une manière générale, la phase d'échantillonnage ne présente pas de problématique spécifique. Le seul point abordé à ce niveau concerne le nombre d'éléments à évaluer pour pouvoir effectivement constituer un échantillon représentatif.

La problématique principale de la réinjection de pertinence réside dans les deux autres phases: l'extraction des termes (ils sont alors pondérés pour sélectionner les éléments les plus pertinents) et la réécriture de la requête avec repondération des termes.

Dans la plupart des approches de la littérature, les deux phases sont effectuées avec des méthodes de pondération des termes similaires. Cependant certaines méthodes et particulièrement celles basées sur le modèle probabiliste, utilisent des méthodes de pondération différentes.

4. RECHERCHE D'INFORMATION SUR LE WEB

4.1. Outils de recherche d'information

Il existe de nombreux outils de recherche d'information sur le Web, ces outils qui se spécialisent en fonction des services utilisés et du type d'information qu'ils recensent. On qualifie d'ailleurs très souvent aujourd'hui tout interface de recherche et d'interrogation de moteur de recherche et ce quelle que soit la source interrogée et le système informatique utilisés [Largouet, 05]. Il convient en effet de distinguer différents types d'outils de recherche sur l'Internet.

Un premier critère de classification des outils de RI repose sur le mode de recherche proposé. Il distingue entre les outils par navigation arborescente (comme les annuaires) ou hypertexte (comme les listes de signets), et les outils par requête (comme les moteurs, fondés sur l'utilisation de mots-clés). Cette distinction n'est plus pertinente aujourd'hui, tant l'imbrication est forte entre les mêmes outils [Vignaux, 05].

Un deuxième critère reste toujours valable, en dépit des apparences : celui du mode d'indexation des ressources. Selon ce critère, on distingue les annuaires thématiques, qui procèdent à un référencement des sites Web et les moteurs de recherche, qui fonctionnent par collecte et indexation automatisées des pages Web (et non des sites). Cette distinction, 'historique', est moins nette aujourd'hui, à cause de l'imbrication des annuaires et des moteurs : Google utilise l'annuaire de l'Open Directory, Yahoo a son propre moteur, etc.

Dans le cadre de ce travail, nous distinguons trois catégories d'outils pour la recherche d'information sur le web: les moteurs de recherche, les annuaires et les méta-moteurs. Cette distinction qui repose également sur le mode d'indexation reste essentielle, car elle induit des usages et des technologies très différentes. Ainsi un annuaire thématique va-t-il référencer des sites Web, là où un moteur indexera toutes les pages d'un site ? En effet, l'annuaire facilitera le défrichage, le premier repérage des ressources dans un domaine ou un secteur défini par l'organisation arborescente proposée, alors qu'un moteur de recherche permettra de trouver un document très précis. Enfin les méta-moteurs permettent d'interroger en une seule fois différents outils de recherche, qu'ils soient de type annuaire ou de type moteur. Nous présentons dans ce qui suit ces trois catégorie d'outils pour la RI, et nous mettons l'accent sur les moteurs de recherche du fait qu'ils seront utilisés comme support de validation dans la partie contribution présentées dans cet ouvrage.

4.1.1. Moteur de recherche

Un moteur de recherche est une application permettant de retrouver des ressources (pages web, images, vidéo, fichiers, etc.) associées à des mots quelconques. Certains sites Web offrent un moteur de recherche comme principale fonctionnalité ; on appelle alors moteur de recherche le site lui-même (Google Video par exemple est un moteur de recherche vidéo).

Ces outils de recherche sur le web sont constitué de « robots », encore appelés bots, spiders, crawlers ou agents qui parcourent les sites à intervalles réguliers et de façon automatique (sans intervention humaine, ce qui les distingue des annuaires) pour découvrir de nouvelles adresses (URL). Ils suivent les liens hypertextes (qui relient les pages les unes aux autres) rencontrés sur chaque page atteinte. Chaque page identifiée est alors indexée dans une base de données, accessible ensuite par les internautes à partir de mots-clés.

Les moteurs de recherche ne s'appliquent pas qu'à Internet : certains moteurs sont des logiciels installés sur un ordinateur personnel. Ce sont des moteurs dits desktop qui combinent la recherche parmi les fichiers stockés sur le PC et la recherche parmi les sites Web — on peut citer par exemple Exalead Desktop, Google Desktop et Copernic Desktop Search, etc.

Des modules complémentaires sont souvent utilisés en association avec les trois briques de bases du moteur de recherche. Les plus connus sont les suivants :

1. Le correcteur orthographique : il permet de corriger les erreurs introduites dans les mots de la requête, et s'assurer que la pertinence d'un mot sera bien prise en compte sous sa forme canonique.
2. Le lemmatiseur : il permet de réduire les mots recherchés à leur lemme et ainsi d'étendre leur portée de recherche.
3. L'anti dictionnaire : utilisé pour supprimer à la fois dans l'index et dans les requêtes tous les mots "vides" (tels que "de", "le", "la") qui sont non discriminants et perturbent le score de recherche en introduisant du bruit.

En ce qui concerne les caractéristiques, les moteurs de recherche ont un fonctionnement commun, mais diffèrent par un certain nombre de critères [Bondu, 09]. Pour ce qui est de commun, rappelons simplement qu'ils procèdent tous des mêmes étapes :

- D'abord l'exploration du web, durant laquelle ils vont collecter les informations sur chaque page rencontrée.
- Puis l'indexation, durant laquelle ils vont enregistrer dans une base de données les informations collectées.
- Enfin la recherche, durant laquelle ils vont rechercher les données collectées en fonction des mots clés.

Si tous les moteurs passent par ces étapes communes, ils ont tous leurs différences. Voici quelques éléments sur lesquels ils se différencient :

- D'abord la manière d'explorer le web.
- Ensuite, le choix des informations qu'ils vont récupérer des sites visités. Certains moteurs vont conserver le titre de la page, la description qu'en a fait le créateur de la page (metatag), parfois une partie du contenu de la page, ...

- La manière de construire l'index, et sa taille. C'est d'ailleurs un des critères de performance le plus souvent mis en avant. En effet, plus un moteur indexe de pages, plus il a de chance de vous fournir un résultat correspondant à votre requête. Google passe pour avoir l'index le plus important. Les chiffres sont néanmoins difficiles à obtenir. En septembre 2005, Google indiquait avoir indexé 24 milliards de pages. Actuellement, si l'on demande à Google de présenter toutes les pages contenant simplement le chiffre '1' (c'est une astuce pour estimer le nombre de pages indexées), il propose 21 milliards de pages. Yahoo! en propose 40 milliards.
- La manière de rechercher dans l'index.
- La manière de présenter les résultats (on parle alors d'interface). Si Google présente sobrement le titre, un extrait, et quelques autres éléments, d'autres moteurs ont une interface beaucoup plus riche avec présentation d'images, de critères de pertinence, des graphiques, de mots clés, ...

Enfin la popularité des moteurs de recherche n'est pas absolue, généralement, nous ne considérons souvent que le moteur de recherche Google. Toutefois, son hégémonie n'est pas aussi importante dans le reste du monde. Nous parlons également souvent du trio Google, Yahoo, Bing. Auxquels nous rajoutons le moteur de recherche chinois 'Baidu' qui représente selon une étude du cabinet Comscore réalisée en janvier 2011 : 3,3 milliards de requêtes, soit 5,4 % du total, mais également 73 % du marché chinois (450 millions d'internautes). Baidu se classe dans le 'Top 3' des moteurs de recherche les plus utilisés dans le monde. Le tableau 1.1, présente des statistiques sur le classement mondial des moteurs de recherche pour les années 2009 et 2010.

Parts de marché des moteurs dans le monde		
Moteur	*Janvier 2009*	*Janvier 2010*
Google	63,1%	62,8%
Yahoo!	12,2%	11,9%
Baidu	04,6%	04,5%
bing	03,1%	03,1%

Tableau 1.1 – *Classement mondial des moteurs de recherche (2009/2010)*

4.1.2. Les annuaires

L'annuaire (ou directory en anglais) est une liste de liens subdivisés en catégories suivant une structure en arbre, accompagnée d'une brève description. Bien que ce procédé fût pionnier en la matière, il tend à disparaître. En effet, le fait de devoir sélectionner les catégories dans lesquelles on recherche suppose que l'on sache exactement où chercher. Et on peut se demander où se positionne le site qui appartient à plusieurs catégories. Mais à cette question, les moteurs utilisant ce procédé vous répliqueront qu'ils se trouvent dans toutes celles susceptibles de correspondre. Néanmoins, on doit reconnaître aux annuaires un gros avantage, celui de mettre en quelque sorte dans le contexte, ainsi les recherches dans la base de données sont diminuées, en plus d'obtenir des résultats plus pertinents.

Les annuaires sont donc des outils basés sur le recensement humain de l'information. Ils signalent des sites et des ressources de l'Internet comme un catalogue de bibliothèque signale des livres ou bien encore comme les pages jaunes signalent des entreprises. On distingue dans ce contexte deux catégories d'annuaires [Largouet, 05]

A) Les annuaires commerciaux (Tableaux)

Ils se financent grâce à la publicité. Ils ont en principe une couverture dit "générale" (ils couvrent toutes les disciplines). Ils peuvent concerner le monde ou une zone régionale, nous citons parmi eux :
- Annuaires généralistes internationaux : le plus connu est sans doute 'Yahoo Directory', mais il existe aussi 'DMIZ' de l'Open Directory Project et l'annuaire de 'Lycos'.
- Annuaires régionaux commerciaux : ce sont les annuaires qui recensent des sites en fonction de leur langue. Dans le cas de des annuaires francophones nous citons la version française de 'Yahoo Directory' ou encore l'annuaire 'Francité'.
- Les annuaires qui recensent d'autre pays ou parties du monde: comme l'annuaire 'Wohaa' pour l'Afrique et l'annuaire russe 'Yandex'.

B) Les annuaires non commerciaux

Sont des annuaires élaborés par des individus de façon bénévole ou bien par des institutions. Ils sont soit généraux soit spécialisés. Leur préoccupation consiste toujours à identifier les ressources et les sites en tenant comptes de leur qualité :
- Annuaires à couverture (généraliste): comme le 'Vlib' (Virtual Library) et l'annuaire 'Resource Discovery network'.

- Annuaires à couverture thématique ou spécialisée : comme le répertoire en sciences humaines 'Voice of the Shuttle' et le répertoire de ressources juridiques 'Findlaw'.

Enfin, la distinction est importante entre les annuaires et les moteurs de recherche. Le tableau 1.2, présente une comparaison entre ces deux outils pour la RI.

Annuaires	Moteurs
Indexation de sites par des documentalistes	Indexation de mots par des robots
Recherche sur des sites et sur des catégories	Recherche en texte intégral sur des pages web
Avantages : choix des informations, classement raisonné par catégories et sous-catégories	Avantages : plus d'exhaustivité et mise à jour plus rapide
Inconvénients : moins d'exhaustivité et mise à jour moins rapide	Inconvénients : capture de pages web sans classement raisonné
À retenir : L'exploration des catégories s'avère souvent plus fructueuse que celle des sites.	À retenir : La recherche par mots-clés donne de meilleurs résultats sur les moteurs

Tableau 1.2 – *Comparaison entre annuaires et moteurs de recherche*

4.1.3. Les méta-moteurs

Ils sont de création plus récente. Ils constituent en fait la première génération des agents dits "intelligents". Ils permettent d'interroger en une seule fois différents outils de recherche, qu'ils soient de type annuaire ou de type moteur, afin de fournir une réponse plus exhaustive.

Deux catégories de méta-moteurs: ceux en ligne et ceux consistant en un "logiciel client" à installer sur son ordinateur (le plus connu: COPERNIC) [Largouet, 05]. Le principe de fonctionnement des méta-moteurs est différent, Certains indexent l'information contenue dans différents annuaires et moteurs, d'autres les interrogent simultanément de façon dynamique. Certains de ces méta-moteurs retraitent plus au moins les réponses (tri, dédoublonnage). Ils permettent ainsi de rechercher de façon plus large sur le Web. Toutefois, cela peut également générer du "bruit" (réponses non pertinentes).

La parade mise en œuvre par certains méta-moteurs consiste à limiter le nombre de réponses de chaque outil interrogé (ce qui est indispensable et permet ainsi d'obtenir les réponses en principe les plus pertinentes). [Largouet, 05].

4.2. Algorithme des moteurs de recherche d'information

Différentes études ont suggéré de tenir compte de la popularité des documents afin d'améliorer les performances de la recherche d'information. Le PageRank [Brin, 98] de Google et le HITS [Kleinberg, 99] de Kleinberg sont deux algorithmes fondamentaux qui utilisent les liens hypertextes pour classer les résultats d'une requête. Généralement, ces algorithmes fonctionnent en deux temps : Dans une première étape, un moteur de recherche retourne une liste de documents répondant à la requête posée, en fonction des termes de la requête et des termes d'indexation des documents. Dans une seconde étape, ces systèmes tiennent compte des liens hypertextes pour classer ces documents [Chibane, 08].

4.2.1. Hyperlink-Induced Topic Search (HITS)

Kleinberg fut un des premiers à s'intéresser aux propriétés de connectivité du graphe représentatif d'Internet et de son apport dans la détection de la pertinence d'une page à une requête [Kleinberg, 99]. Quelques constatations simples sont à l'origine de ses travaux dans ce domaine.

On retrouve d'une part les pages qui semblent être très importantes et jouent le rôle d'autorité sur un sujet donné et d'autre part les documents possédant un grand nombre de liens vers des pages faisant autorité sur un sujet. On distingue ainsi les pages *autorités* ayant un grand nombre de liens entrants et les pages *hubs* ayant un grand nombre de liens sortants et regroupant les autorités d'un même sujet. Le but de l'algorithme HITS est de déterminer les hubs et les autorités qui renforcent leurs relations mutuellement sur un sujet donné. Ainsi Kleinberg dénombre les bons hubs comme des pages pointant vers beaucoup de bonnes autorités et les bonnes autorités comme des pages pointées par beaucoup de bons hubs [Picarougne, 04].

Supposant W la matrice d'adjacence du sous-graphe orienté G. Notons respectivement par X et Y les deux vecteurs colonnes pivot et autorité de dimension ($n * 1$) contenant les poids pivots et les autorités correspondant à chaque nœud du sous-graphe G. Kleinberg utilise un processus itératif afin de calculer ces poids. Le poids autorité du nœud i, Xi, est égal à la somme des poids pivots de tous les nœuds citant le nœud i et, pareillement, le poids pivot du nœud i, Yi, est égal à la somme des poids autorités de tous les nœuds que citent le nœud i. Les poids pivots et autorités sont calculés de la façon suivante :

$$X_i^{(k+1)} = \sum_{j:j\to i} Y_j^{(k)} \quad \text{et} \quad Y_i^{(k+1)} = \sum_{j:i\to j} X_j^k$$

Chapitre 01 : *La Recherche d'Information : Principes, Techniques et Outils*

En pratique, le résultat de HITS est composé de deux listes ordonnées : une liste de bonnes pages autorités et une autre de bonnes pages pivots qui seront renvoyées à l'utilisateur. L'utilisateur a l'embarras du choix entre les deux listes et il peut être intéressé par une liste au détriment de l'autre selon la recherche demandée [Chibane,08].

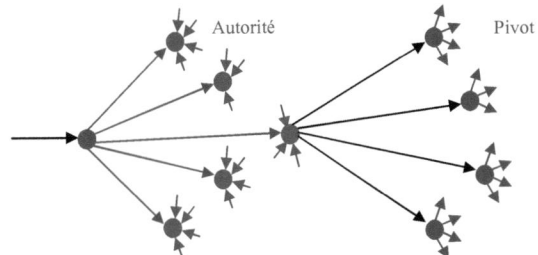

Figure1.5 − *Exemple des pages pivots (Hubs) et autorités (Authorities)* [Chibane, 08]

4.2.2. PageRank

Quelques moteurs de recherche, dont le plus connu est Google, ont pris le pari d'utiliser un autre mode de classement des résultats. Les pages Web sont ordonnées selon leur popularité, une page qui est la cible d'un très grand nombre de liens est probablement non seulement une page validée (page parcourue par un grand nombre de lecteurs, qui ont jugé bon de la citer en référence) mais aussi une page détenant un contenu utile à un grand nombre d'utilisateurs.

L'approche du PageRank qui a fait la spécificité du moteur de recherche Google, repose sur la notion de propagation de popularité. Le principe consiste à évaluer l'importance d'une page en fonction de chacune des pages pointant vers elle. La propagation met en avant les pages qui jouent un rôle particulier dans le graphe des liens, avec l'hypothèse suivante : *"une page est importante quand elle est beaucoup citée ou citée par une page très importante"*.

La mesure de PageRank (PR) proposée par [Brin, 98] est une distribution de probabilité sur les pages. Elle mesure en effet la probabilité PR, pour un utilisateur navigant au hasard, d'atteindre une page donnée. Elle repose sur un concept très simple : un lien émis par une page A vers une page B est assimilé à un vote de A pour B. Plus une page reçoit de votes, plus cette page est considérée comme importante. Le PageRank se calcule de la façon suivante :

Soient $T1, T2, ..., Tn$: n pages citant une page A. Notons $PR(Tk)$ le PageRank de la page Tk, $S(Tk)$ le nombre de liens sortants de la page Tk, et d un facteur compris entre 0 et 1, fixé en général à 0.85. Ce facteur d représente la probabilité de suivre effectivement les liens pour atteindre la page A, tandis que (1-d) représente la probabilité d'atteindre la page A sans suivre de liens. Le PageRank de la page A se calcule à partir du PageRank de toutes les pages *Tk* de la manière suivante :

$$PR(A) = (1 - d) + d \sum_{i=1}^{n} \frac{PR(T_i)}{S(T_i)}$$

Initialement, toutes les pages sont équiprobables, leur valeur de PR est alors égale à $1/n$, n étant le nombre de documents de la collection [Chibane, 08].

4.3. Architecture des moteurs de recherche

4.3. 1. Architecture générale des premiers moteurs de recherche

L'architecture originale utilisée par Altavista représente la première catégorie de systèmes. Il s'agit d'une architecture très simple qui se divise en deux parties distinctes. On retrouve d'une part un crawler et d'autre part l'interface d'interrogation du moteur de recherche et le système d'analyse des requêtes proposés par les utilisateurs du système [Picarougne, 04].

Le cœur du système repose sur un index inversé permettant d'associer des mots à un ou plusieurs documents. La demande de l'utilisateur est traitée en interrogeant l'index inversé pour connaître les documents dans lesquels apparaissent le plus souvent les mots de la requête, [Picarougne, 04].

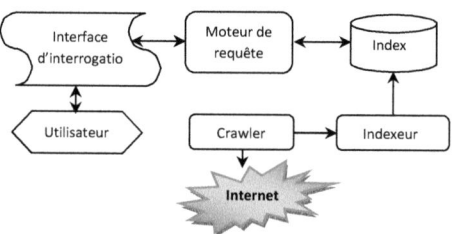

Figure 1.6 – Architecture originale du moteur de recherche Altavista [Picarougne, 04].

4.3. 2. Architecture distribuée et adaptative

Des variantes de l'architecture précédente, basées sur le modèle indexeur-crawler, ont été imaginées pour gommer les défauts inhérents à sa conception. L'une d'entre elle, appelée Harvest s'est révélée très innovante en matière de distribution des ressources.

Le récolteur : est chargé de collecter et d'extraire périodiquement des informations d'indexation -textes, images - depuis plusieurs sites Web.

Le broker : quant à lui, fournit le mécanisme d'indexation et l'interface d'interrogation sur les données amassées par le récolteur.

On retrouve ici, le mécanisme indexeur-crawler identifié dans la section précédente. Cependant, plusieurs brokers et plusieurs récolteurs peuvent communiquer ensemble, chacun se spécialisant dans un domaine précis. Lorsqu'une requête est émise sur un broker dont le domaine traité ne correspond pas à ses capacités, celui-ci transmet la requête à une autre entité capable de la gérer.

C'est un système totalement adaptatif dans lequel il est possible de configurer les brokers et les récolteurs de manière à répartir le besoin en ressources sur un ou plusieurs domaines particuliers. [Picarougne, 04].

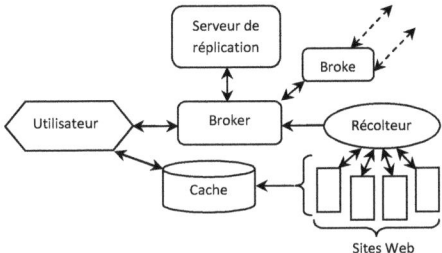

Figure 1.7 – *Architecture du système Harvest. [Picarougne, 04]*

4.3. 3. Architecture moderne d'un moteur de recherche

L'architecture du moteur de recherche Google est certainement une des plus efficaces actuellement. Elle ne repose pas sur un système monolithique mais sur un grand nombre de machines classiques coopérant ensemble. Ce système peut se décomposer en plusieurs parties comprenant :

- Un sous-système d'exploration d'Internet
- Un indexeur
- Un analyseur de la topologie d'Internet formée par les liens hypertextes : et un sous-système de présentation et d'exécution de requêtes.
- Un serveur d'URL garde la mémoire des liens des pages à visiter. Des robots chargés d'explorer le Web récupèrent ces liens afin de télécharger les documents correspondant et les stocker dans une base de données recensant la totalité des pages indexées. Cette opération est réalisée continuellement et alimente et met à jour en permanence la base de documents du moteur. Périodiquement, cette base est analysée pour réaliser un index inversé reliant des termes aux documents les contenant. D'autres informations sur les termes sont extraites comme leur position dans le document, la taille de la police utilisée ou sa fonte.

Cette analyse permet également d'extraire tous les liens hypertextes des documents rencontrés afin d'alimenter le serveur d'URL. Cette base de liens est utilisée afin de calculer le PageRank permettant de trier les documents de l'index par pertinence décroissante [Picarougne, 04].

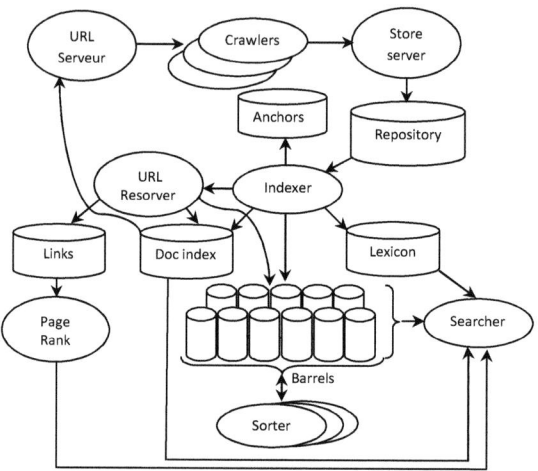

Figure 1.8 – *Architecture du moteur de recherche Google. [Picarougne, 04]*

4.4. Défis des moteurs de recherche

La double révolution que traversent actuellement les moteurs de recherche selon Eric Boutin [Boutin, 08] concerne :

- Le passage d'un indicateur de pertinence absolu à un indicateur de pertinence centré sur l'utilisateur. L'indicateur de pertinence est l'algorithme qui permet de hiérarchiser les pages renvoyées par le moteur de recherche. Classiquement les pages sont hiérarchisées les unes par rapport aux autres en fonction de critères définis par le moteur de recherche. Il est possible de penser des systèmes dans lesquels l'internaute attribuerait à certains critères des préférences particulières.
- Le passage d'une formulation de la requête intégrant exclusivement le sujet de la recherche (requête de type 'topic related') à une requête multicritères introduisant d'autres dimensions. Il ne s'agit alors plus de hiérarchiser les résultats d'une recherche les uns par rapport aux autres mais de filtrer les résultats obtenus pour n'afficher que ceux qui correspondent au souhait de l'utilisateur.

5. CONCLUSION

Dans ce chapitre nous avons présenté les principales notions et concepts de la recherche d'information, des systèmes de recherche d'information et ceux des outils de recherche sur le web.

A travers les différentes sections que nous avons présentées, nous concluons que la recherche d'information, s'attache à définir des modèles et des systèmes afin de faciliter l'accès à un ensemble de documents se trouvant dans des bases documentaires ou encore sur le web. Le but est de permettre aux utilisateurs de retrouver les documents dont le contenu répond à leur besoin en information, il s'agit donc de retourner l'ensemble de documents pertinents. Cependant, nous constatons que la notion de pertinence dépend de la satisfaction de l'utilisateur d'une part, et des différents sens portés par les termes de la requête d'une autre part. Cette constatation constitue le point faible de la recherche d'information classique, elle représente également le point de départ pour de nouveaux paradigmes de recherche. Nous nous intéressons dans le cadre de ce travail à deux nouvelles orientations en RI : d'abord, la recherche contextuelle d'information qui modélise le contexte de l'utilisateur, de la requête et celui du système de recherche lui-même, elle utilise à cet effet des mécanismes comme les profils des utilisateurs et les historiques des recherche. Puis, la recherche sémantique d'information, qui utilise des ressources externes, généralement les ontologies, comme support à la modélisation des phases d'indexation et de recherche.

Dans le cadre de ce travail, nous souhaitons apporter des contributions pour améliorer la recherche d'information en prenant en compte le contexte et la sémantique.

Chapitre 2

Contexte et sémantique, un besoin certain en recherche d'information

Chapitre 2

Contexte et Sémantique, un Besoin Certain en Recherche d'Information

1. Introduction 48
2. Contexte et recherche contextuelle d'infirmation 48
   2.1. Définition du contexte 49
   2.2. Utilisation du contexte en recherche d'information 50
      2.1.1. Au début du processus de recherche 50
      2.2.2. Pendant le processus de recherche 50
      2.2.3. A la fin du processus de recherche 51
   2.3. Définition du profil 51
   2.4. Classification des profils et de leurs utilisations en RI 52
      2.4.1. Selon l'implication de l'utilisateur 52
      2.4.2. Selon le moment de la reformulation 52
      2.4.3. Selon la complexité 52
      2.4.4. Selon la nature d'information 53
   2.5. Système de recherche d'information contextuel 53
      2.5.1. Définitions 53
      2.5.2. Architecture d'un SRIC 53
3. Sémantique et recherche sémantique d'information 55
   3.1. Web sémantique 55
      3.1.1. Définition 55
      3.1.2. Principales composantes du web sémantique 56
   3.2. Les Ontologies 57
      3.2.1. Définition 58
      3.2.2. Rôles des ontologies 59
      3.2.3 Types d'ontologies 60
      3.2.4. Réutilisation des ontologies 60
      3.2.5. Difficulté de concevoir une ontologie universelle 61
      3.2.6. Recherche d'information guidée par les ontologies 62
   3.3. Indexation sémantique en recherche d'information 63
      3.3.1. Besoin de l'indexation sémantique 63
      3.3.2. Indexation sémantique 64
      3.3.3. Indexation conceptuelle 65
4. Conclusion 65

1. INTRODUCTION

La recherche d'information est l'ensemble de procédures et techniques permettant de sélectionner, parmi un ensemble de documents, les informations pertinentes en réponse à un besoin en information exprimé par l'utilisateur à travers une requête. Les récentes avancées des technologies Web et la généralisation des moteurs de recherche ont rendu la recherche d'information sur le Web une tâche de plus en plus difficile. Les raisons profondes de ces difficultés proviennent essentiellement de la disparité et de la quantité de documents à gérer d'une part et de la multiplicité des demandes des utilisateurs d'autre part.

Compte tenu des ces limitations, les approches en RI se sont orientées vers une nouvelle génération de systèmes de recherche basés sur l'accès contextuel et sémantique à l'information. Le domaine de la RI contextuelle est apparu récemment comme une priorité, son objectif est d'exploiter le contexte de l'utilisateur ainsi que les connaissances liées à la requête dans le but de répondre mieux aux besoins en information de l'utilisateur. De même l'émergence du Web sémantique a favorisé les travaux de recherche dans le domaine de la RI sémantique. Le but est d'expliciter la connaissance contenue dans les sites Web et de la formaliser afin que les agents de recherche d'information puissent l'exploiter via des mécanismes d'inférences et fournir de meilleures réponses au besoin de l'utilisateur.

Ce chapitre traite de l'émergence de la RI contextuelle et sémantique, il est organisé en deux parties : dans la première, nous abordons les différentes définitions du contexte et les possibilités de son utilisation en RI, nous présentons également la notion des profils utilisateur et nous donnons une classification des profils et de leurs utilisations en RI. Dans la deuxième partie, nous définissons le web sémantique ainsi que ses principaux composants, nous revenons également sur la notion d'ontologie en donnant sa définition, ses différents types, son rôle et enfin nous répondons à la question comment l'ontologie peut guider la recherche d'information ?

2. CONTEXTE ET RECHERCHE CONTEXTUELLE D'INFIRMATION

Quelque soit le domaine, on entend de plus en plus parler du contexte. Mais que couvre cette notion ? Etymologiquement, le contexte est ce qui accompagne le texte, c'est-à-dire les non-dits qui sont toutefois nécessaires à la pleine compréhension d'un message. Le mot contexte est donc de plus en plus employé de nos jours. En 1997, seulement 5% des pages web contenait le mot contexte. En 2006, il y en avait 15 %, bien que ce mot ne soit pas toujours bien employé [Wanner, 07]. Aujourd'hui, le nombre de pages web contenant ce mot à une croissance exponentielle.

Mais il apparaît très vite que cette notion est assez difficile à définir. En effet, tous les jours, les gens utilisent le contexte dans leurs prises de décision. Prenant l'exemple de la phrase suivante *"S'il pleut, je vais prendre un parapluie pour me rendre à l'université"*. Le fait de prendre un parapluie n'a rien à voir avec le fait d'aller à l'université mais pourtant cela contraint la manière d'exécuter la tâche d'aller à l'université. La mise en évidence du contexte est particulièrement visible quand il y a plusieurs méthodes pour accomplir une tâche. Dans ce cas, chaque personne choisit sa méthode en fonction de ses connaissances et des informations contextuelles qu'il possède. Il s'avère donc que le traitement des données contextuelles joue un rôle dans tous les domaines où le raisonnement intervient.

2.1. Définition du contexte

Le contexte n'est pas un concept nouveau en informatique : dès les années soixante, systèmes d'exploitation, théorie des langages et intelligence artificielle exploitent déjà cette notion. Avec l'émergence des systèmes de recherche d'information, le terme est redécouvert et placé au cœur des débats sans pour autant faire l'objet d'une définition consensuelle claire et définitive [Gaëtan, 06]. Toutefois, l'analyse des définitions présentes dans la littérature conduit à ce double constat :
- « Il n'y a pas de contexte sans contexte » [Brézillon, 06]. Autrement dit, le contexte n'existe pas en tant que tel. Il émerge, ou se définit, pour une finalité ou une utilité précise.
- « Le contexte est un ensemble d'informations. Cet ensemble est structuré, il est partagé, il évolue et sert l'interprétation » [Winograd, 01]. La nature des informations, de même, l'interprétation qui en est faite, dépendent de la finalité.
En recherche d'information, le contexte est défini comme « l'ensemble des facteurs cognitifs et sociaux ainsi que les buts et les intentions de l'utilisateur au cours d'une session de recherche », [Calabretto, 06]. D'une manière générale, le contexte regroupe des éléments de natures divers qui délimitent la compréhension, le champ d'application ou les choix possibles. Les éléments les plus couramment invoqués concernent des données spatio-temporelles (lieu, heure, jour.) ou des connaissances spécifiques en relation avec le domaine étudié. Plus rarement nous observons l'utilisation des éléments concernant les émotions, des états d'esprit, des données culturelles [Brézillon, 06]. Ainsi certains éléments du contexte peuvent être difficiles à cerner car nous les utilisons inconsciemment, d'autres se trouvent hors d'atteinte des périphériques d'entrée des machines et donc difficiles à mettre en œuvre dans des systèmes de recherche d'information.

2.2. Utilisation du contexte en recherche d'information

En recherche d'information le contexte peut être utilisé à trois stades différents selon l'avancement du processus de recherche lui même. Il peut donc être considéré au début du processus de recherche, au cours du processus de recherche, ou encore à la fin du processus de recherche.

2.1.1 Au début du processus de recherche

Le contexte peut être utilisé dans une étape de pré-recherche pour résoudre le problème de l'ambiguïté des termes dans la requête et améliorer ainsi la qualité des résultats retournés par le système. On peut aider l'utilisateur dans la formulation de sa requête en lui demandant de préciser, selon le contexte de la recherche en cours, le sens d'un terme ambigu en utilisant un thesaurus ou une ontologie. Nous citons dans cette catégorie les travaux de [Navigli, 03] qui utilisent des ontologies avec des relations d'équivalence et de subsomption afin d'extraire les termes à rajouter à la requête initiale.

Une autre façon plus simple d'utiliser le contexte dans une phase de pré-recherche est de l'utiliser dans l'introduction des contraintes de types booléens sur les mécanismes et les algorithmes de recherche d'information existant. Ces algorithmes peuvent considérer également le contexte spatio-temporel où les valeurs continues peuvent être décrites de manière non précise à des niveaux de granularité différents [Tao, 2003]. Par exemple, un événement peut avoir lieu à 9h57, à 10h environ ou dans la matinée. Dans ce cas, le contexte peut servir pour le choix de la représentation appropriée.

2.2.2. Pendant le processus de recherche

Le contexte peut également être considéré au niveau des interactions avec le système. En effet dans un processus de recherche d'information, c'est l'interaction qui rend possible l'exploitation réelle de l'ensemble des résultats une fois affichés. L'utilisateur est particulièrement habile à extraire des informations d'un environnement qu'il contrôle directement et activement par rapport à un environnement qu'il ne peut qu'observer de manière passive, [Lopes, 2009]. Le contexte à ce niveau dépend de l'action de l'utilisateur dans une situation donnée, du feedback, des jugements de pertinence qui sont relatives aux caractéristiques des différentes situations des utilisateurs, des stratégies de recherches multidimensionnelles et d'autres pratiques informationnelles durant la recherche d'information.

2.2.3. A la fin du processus de recherche

Le contexte peut enfin être considéré dans une phase de post-recherche, et cela après avoir obtenu des résultats en utilisant le principe de réinjection de pertinence. L'idée de cette technique est de réaliser une première recherche à l'aide des seuls termes de la requête. L'utilisateur peut alors indiquer quels sont, parmi les meilleurs documents issus de cette première recherche, ceux qui sont pertinents et ceux qui ne le sont pas, et le système utilise cette information pour affiner la recherche en modifiant les poids des termes de la requête par des méthodes d'apprentissage automatique comme dans les travaux de [Lin, 2006]. Une autre façon d'utiliser le contexte avec la réinjection de pertinence a été proposée plus récemment dans nos travaux [Bouramoul, 09-b] ; où nous proposons une reformulation contextuelle des requêtes à base de profils utilisateur en utilisant d'une manière automatique la notion du contexte statique et contexte dynamique afin de minimiser l'intervention de l'utilisateur dans le processus de reformulation.

2.3. Définition du profil

Un profil utilisateur est défini comme « une source de connaissance qui contient des acquisitions sur tous les aspects de l'utilisateur qui peuvent être utiles pour le comportement du système » [Wahlster, 86]. Cette proposition, bien que générale, correspond à nos orientations, elle met en évidence trois aspects du profil qui s'exploitent ainsi :

- *Source de connaissance :* le profil utilisateur peut regrouper des informations très diverses selon la tâche à accomplir, en recherche d'information le contenu d'un profil utilisateur se résume en : ses caractéristiques personnelles, ses intérêts et ses préférences, ses compétences, son but courant et enfin l'historique de ses interactions avec le système [Belkin, 04]. Nous signalons que la notion du contexte, présentée précédemment, est une extension du profil utilisateur. Le contexte contient des informations complémentaires permettant une meilleure adaptation du profil.
- *Acquisitions :* le contenu du profil utilisateur est une connaissance à récupérer, selon le degré d'adaptation du système, les données du profil utilisateur peuvent être soient, renseignées par l'utilisateur lui-même, soient récupérées par sélection d'un profil pré-existant créé par des experts du domaine, ou encore capturées par le système de recherche d'information au cours de l'utilisation.
- *Utile pour le comportement du système :* en recherche d'information l'apport du profil utilisateur est de permettre une personnalisation ou une adaptation des services pour améliorer les performances du système, ou encore pour filtrer les résultats retournés par un moteur de recherche.

2.4. Classification des profils et de leur utilisations en RI

Nous présentons dans cette section les différents types de profils abordés dans la littérature et qui sont en lien avec la tâche de recherche d'information, à cet effet nous avons défini quatre classes de profils en se basant sur des critères de regroupement, ces critères s'articulent autour du degré de l'implication de l'utilisateur, du moment de l'utilisation du profil, du contenu de profil en information et enfin de la complexité des informations capitalisées par le profil.

2.4.1. Selon l'implication de l'utilisateur

Il s'agit de mesurer le degré de l'implication de l'utilisateur dans le processus de capture de son profil, le travail de [Benammar, 02], distingue deux types de gestion de profils :
- *Indirecte* : c'est le cas où la gestion des profils est transparente à l'utilisateur, autrement dit l'utilisateur n'intervient pas dans la gestion de ses profils.
- *Directe* : à l'opposé, dans la gestion directe des profils, l'utilisateur doit intervenir dans toutes les étapes du processus de recherche pour gérer ses profils.

2.4.2. Selon le moment de la reformulation

Nous nous intéressons ici au moment de l'utilisation du profil dans un système de recherche d'information, deux possibilités sont à retenir :
- *Pré-recherche* : un profil peut être utilisé dans une étape de pré-recherche pour aider l'utilisateur à formuler ou reformuler son besoin. Il peut s'agir par exemple d'affiner l'expression d'une requête proposée par l'utilisateur en fonction de son profil.
- *Post-recherche* : un profil peut également être utilisé dans une étape post-recherche pour filtrer les résultats d'une recherche.

2.4.3. Selon la complexité

Dans cette catégorie le focus est mis sur le degré de la complexité des informations présentes dans le profil, différents formats de ce type de profils ont été étudiés dans [Korfhage, 97], les plus répandus d'entre eux sont :
- *Simple* : un profil simple se présente sous la forme d'un ensemble de mots-clés et éventuellement des poids associés, un poids traduit l'importance de chaque terme dans le profil.
- *Étendu* : un profil étendu inclut, en plus des mots-clés et de leur poids, une série d'informations qui décrivent le contexte de la recherche.

2.4.4. Selon la nature d'information

Enfin, la dernière classe distingue les profils utilisateurs en se basant sur la nature d'information qu'ils contiennent, les travaux de [Benammar, 02] exploitent les profils suivants :
- *Profil d'identification* : Cette première composante du profil sert à identifier un utilisateur à travers une série d'informations. Il est défini à la première connexion au système des profils et est mis à jour par incrémentation à chaque création d'un profil d'interrogation.
- *Profil d'interrogation* : Il peut être assimilé à une requête. Il traduit le besoin en information de l'utilisateur et il facilite l'association de la recherche faite par un utilisateur à son contexte.

Les différentes classes de profils que nous avons identifiées peuvent être exploitées simultanément dans un même système et l'utilisation d'un type de profils n'implique pas l'isolement des autres, néanmoins un système à base de profils doit définir les caractéristiques de chaque type de profils utilisé ainsi que les liens les reliant.

2.5. Système de recherche d'information contextuel

2.5.1. Definitions

Un SRI est dit contextuel ou sensible au contexte (context-aware en anglais) s'il exploite les données du contexte de recherche pour sélectionner l'information pertinente en réponse à une requête utilisateur. [Tamine, 08]

De même, un système de recherche d'information personnalisé (SRIP) est un système qui intègre l'utilisateur, en tant que structure informationnelle, tout au long de la chaîne d'accès à l'information. [Zemirli, 08]

2.5.2. Architecture d'un SRIC

Les systèmes de recherche sur le web traitent les requêtes isolées, les résultats pour une requête donnée sont indépendants de l'utilisateur, ou du contexte dans lequel l'utilisateur pose sa requête. On dit qu'un système de recherche d'informations est contextuel s'il utilise des données récupérées du contexte dans le but de délivrer l'information pertinente et appropriée. Ainsi la pertinence de l'information dépend de l'adéquation entre la requête et l'ensemble des éléments constituant le contexte qui sont perceptibles lors de la recherche.

Pour pouvoir adapter les résultats de recherche au contexte de l'utilisateur un processus de contextualisation est généralement mis en œuvre, il consiste à construire une représentation de ces éléments contextuels [Kob, 89]. La figure 2.1 représente l'architecture d'un SRI contextuel telle qu'elle a été proposée par [Lec, 09].

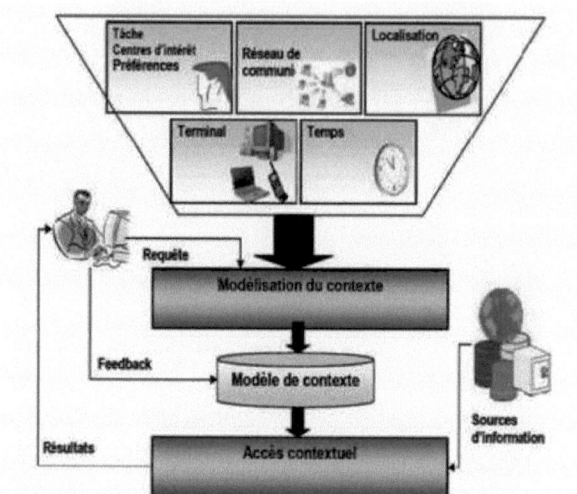

Figure 2.1– *Architecture de base d'un SRI orienté contexte, [Lec, 09]*

Cette architecture distingue particulièrement deux fonctionnalités fondamentales :

- **La modélisation du contexte** : La RI contextuelle s'appuie sur une source d'évidence additionnelle exprimée à travers le contexte qu'il convient alors de modéliser. La nature et la portée du modèle dépendent des dimensions du contexte considérées. Le contexte utilisateur étant la dimension la plus abordée, la modélisation du contexte est alors qualifiée souvent de modélisation de l'utilisateur (user modeling en anglais). De manière générale, un modèle de contexte est défini par l'instanciation des éléments suivants :
  - *Les sources d'information* : environnement (temps, température etc.), collection de documents, historique des interactions etc.
  - *Des stratégies de collecte de ces informations* : on distingue principalement entre les stratégies implicites et stratégies explicites pour la collecte des données du contexte,
  - *Des ressources de modélisation* : des ressources, généralement sémantiques (ontologies, dictionnaires, ...), sont parfois exploitées pour enrichir les données du modèle,
  - *Des modèles de représentation et/ou d'évolution* : permettent de formaliser la représentation du contexte en qualité de structure unifiée (partie d'une ontologie, classe de vecteurs de termes, ensemble de concepts ...) ou d'un

ensemble d'informations avec des structures différentes et spécifiques, puis de les faire évoluer en cours du temps.
- **L'accès contextuel à l'information** : c'est le processus classique de RI projeté selon une dimension additionnelle liée au contexte de recherche. Principalement, son objectif est de sélectionner l'information pertinente à la requête adressée au SRI, tenant compte de la requête d'une part et du contexte de recherche en cours d'autre part.

3. SEMANTIQUE ET RECHERCHE SEMANTIQUE D'INFORMATION

3.1. Web sémantique

Depuis sa création, le web a connu un succès gigantesque et est en train de devenir peu à peu le premier outil pour la production, la publication, la diffusion et le partage de l'information. Cependant la répartition à travers le monde d'un tel réseau d'informations, la croissance accrue du nombre de publications et la liberté totale d'y accéder ont révélé plusieurs limites et inconvénients. En effet, le web ne dispose pas d'outils pour décrire et structurer ses ressources de manière satisfaisante afin de permettre un accès pertinent à l'information. Par exemple, les liens entre les pages web, bien que porteurs de sens pour les utilisateurs, n'ont aucune signification exploitable par les machines.

C'est pour pallier ces insuffisances que Tim Berners Lee a proposé dans [Berners-Lee, 01] d'étendre le web vers un web où l'information possédera un sens bien défini permettant ainsi aux applications d'exploiter directement la sémantique des ressources et de coopérer avec l'utilisateur afin de lui faciliter ses tâches.

3.1.1. Définition

La notion de web sémantique fait référence à la vision du web de demain dans lequel les utilisateurs devraient être déchargés d'une bonne partie de leurs tâches de recherche et d'exploitation des résultats, grâce aux capacités accrues des machines à accéder aux contenus des ressources et à effectuer des raisonnements sur ceux-ci.

Concrètement, le web sémantique est une infrastructure qui permet l'utilisation de connaissances formalisées en plus du contenu informel que l'on peut trouver dans le web. Cette infrastructure s'appuie sur un certain niveau de consensus portant, par exemple, sur les langages de représentation ou sur les ontologies utilisées. Ainsi, elle permet, le plus automatiquement possible, l'interopérabilité et les transformations entre les différents formalismes et les différentes ontologies.

Grâce à la formalisation de connaissances, cette infrastructure peut faciliter la mise en œuvre de calculs et de raisonnements complexes tout en offrant des garanties supérieures sur leur validité. Mais restreindre le web sémantique à cette infrastructure serait trop limitatif. Sur la base de sémantiques bien définies pour ses ressources, le web sémantique pourra fournir aux utilisateurs, par le moyen d'agents logiciels, des services automatiques et avancés. Comme l'écrivent en substance « le web sémantique est une extension du web courant, dans laquelle on donne à une information un sens bien défini pour permettre aux ordinateurs et aux personnes de travailler en coopération ». [Coa, 06]

3.1.2. Principales composantes du web sémantique

Le Web Sémantique a été proposé en se basant sur les critiques adressées au web. Ces critiques s'articulent autour des éléments suivants :

- Certes HTML a permis de tisser tout un réseau d'informations par ses liens hypertextes, mais il n'a donné aucune sémantique à ces liens ce qui les rend pratiquement inexploitables par les machines,
- Les métadonnées utilisées sont non structurées et limitées dans leurs usages.
- Il est difficile de faire des inférences et des raisonnements sur les connaissances décrites dans les documents publiés sur le web vu l'absence de modèles permettant la représentation sémantique de ces connaissances [Khelif, 06b].

Tous ces problèmes ont fait l'objet de différents travaux de recherche qui ont convergé vers plusieurs solutions parmi lesquelles celles qui semblent les plus essentielles :

- Proposer des langages et des formalismes de représentation et de structuration des connaissances (représenter le contenu sémantique des ressources du web).
- Rendre disponibles des ressources conceptuelles (des modèles) représentées dans ces langages modélisant les connaissances et facilitant leur accès et leur partage : les ontologies.
- Proposer des métadonnées explicites, c'est-à-dire qui suivent un modèle et qui sont exprimées dans des langages définis formellement.

3.1.2.1. Représentation des connaissances

Le fonctionnement du Web Sémantique est fondé sur le fait que les machines puissent accéder à l'ensemble des informations éparpillées sur le web. Le W3C (World Wide Web Consortium) ainsi que les chercheurs travaillant dans le domaine de l'intelligence artificielle ont beaucoup travaillé sur ce point et ont proposé plusieurs langages de représentation des connaissances afin de faciliter cet accès.

XML (eXtensible Markup Language), RDF (Ressource Description Framework), RDFS (Ressource Description Framework Schema), DAML+OIL, OWL (Web Ontology Language) présentent un sous ensemble des langages disponibles (les plus utilisés) pour la représentation des connaissances dans le cadre du Web Sémantique. Ces langages, offrent un degré important d'expressivité pour représenter les connaissances simples et complexes (sous forme d'ontologie ou de métadonnées) décrites dans les ressources du Web [Khelif, 06b].

3.1.2.2. Annotations sémantiques

Une annotation (ou méta-données) est une information descriptive facilitant l'accès, la recherche et l'utilisation d'une ressource. Se baser sur un modèle de connaissances déjà défini (i.e. se baser sur une ontologie) enrichit l'annotation en lui attribuant une sémantique et en la rendant utilisable comme telle par un agent logiciel.

En termes de documentation, les annotations sémantiques décrivent le lien entre les entités se trouvant dans le document et leurs descriptions sémantiques représentées dans l'ontologie. Elles permettent ainsi de désambiguïser le contenu du document pour un traitement automatique (ex. recherche documentaire, résumé...).

Avec l'expansion du Web Sémantique, plusieurs outils ont été proposés pour permettre la génération automatique ou manuelle de ces annotations sémantiques. Par exemple. Annotea, MnM, KIM, S-CREAM.

Beaucoup d'autres systèmes ont été proposés pour la génération (semi-)automatique d'annotations sémantiques [Uren, 06]. Ils proposent, le plus souvent, des annotations en RDF (devenu un standard pour la représentation des méta-données). Par ailleurs, la majorité de ces systèmes s'intéressent surtout à la tâche d'instanciation de concepts et proposent des techniques d'instanciation de formes simples de relations pouvant exister entre ces concepts (synonymie, hypermimie) [Khelif, 06b].

3.2. Les Ontologies

La notion d'ontologie intéresse à la fois l'ingénierie des connaissances, la linguistique et la philosophie. Initialement, l'ontologie était un domaine de la philosophie concernant « l'étude de l'être en tant qu'être, c'est-à-dire l'étude des propriétés générales de ce qui existe ». Or, progressivement les objets produits par cette discipline ont pris le nom d'ontologies [Ottens,07]

3.2.1. Définition

Cette notion a été reprise par les chercheurs dans le domaine de l'intelligence artificielle et utilisée dans le cadre de construction des systèmes à base de connaissances. L'idée était de séparer, d'un côté, la modélisation des connaissances d'un domaine, et d'un autre côté, l'utilisation de ces connaissances (i.e. le raisonnement).

Dans ce contexte, plusieurs définitions des ontologies ont été proposées. La première a été proposée par [Neches, 91]: « Une ontologie définit les termes et les relations de base du vocabulaire d'un domaine ainsi que les règles qui permettent de combiner les termes et les relations afin de pouvoir étendre le vocabulaire ».

Cette définition descriptive donne un premier aperçu sur la manière de construire une ontologie, à savoir l'identification des termes et des relations d'un domaine ainsi que les règles pouvant s'appliquer sur ces derniers.

Deux années plus tard, [Gruber, 93] donne la définition qui est devenue la plus utilisée dans la littérature : «Une ontologie est une spécification explicite d'une conceptualisation».

La conceptualisation se réfère ici à l'élaboration d'un modèle abstrait d'un domaine du monde réel en identifiant et en classant les concepts pertinents décrivant ce domaine. La formalisation consiste à rendre cette conceptualisation exploitable par des machines.

Dans cette même logique [Guarino, 95] proposent leur définition : « Une ontologie est une théorie logique proposant une vue explicite et partielle d'une conceptualisation ».

Depuis, de nombreuses définitions, à la fois complémentaires et précises, ont vu le jour. [Aussenac-Gilles, 00] soulignent la dépendance entre la formalisation de l'ontologie et l'application dans laquelle elle va être utilisée : « Une ontologie organise dans un réseau des concepts représentant un domaine. Son contenu et son degré de formalisation sont choisis en fonction d'une application ».

Donc une ontologie traduit un consensus explicite sur la formalisation des connaissances d'un domaine pour faciliter le partage et la réutilisation de ces connaissances par les membres d'une communauté ou par des agents logiciels.

C'est dans cette optique que les ontologies se présentent comme un pilier du web sémantique, car elles permettent de faire communiquer les hommes et les machines en utilisant la sémantique partagée par les différents acteurs du web et en décrivant ses ressources [Khelif, 06b].

Exemple d'ontologie: L'ontologie de la figure 2.2 présente un petit exemple d'ontologie sur les formes géométriques, Cette ontologie contient un ensemble de concepts, comme 'Triangle', un ensemble de relation, comme 'estPartieDe' entre 'figure' et 'segment', et d'attributs, comme 'aPourLangueur', des instances, comme 'ABC' et enfin des types de données, comme entier [Bendaoud, 09].

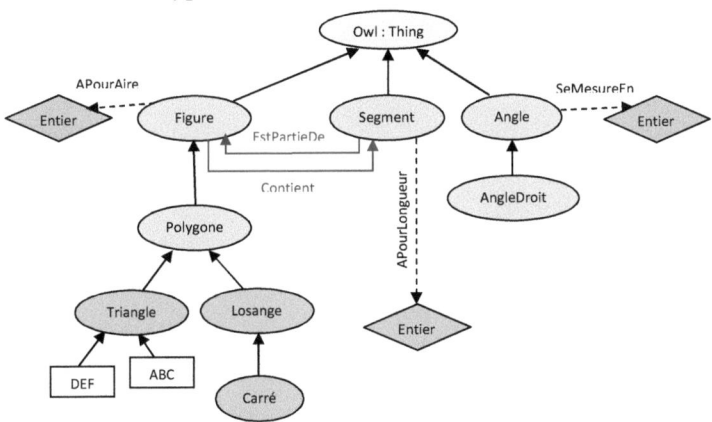

Figure 2.2 – *Une partie d'ontologie des formes géométriques [Bendaoud, 09]*

3.2.2. Rôles des ontologies

Historiquement, la notion d'ontologie est apparue pour satisfaire des besoins d'interopérabilité dans les systèmes informatiques et de réutilisation. On attend d'elles qu'elles améliorent la communication non seulement entre machines, mais aussi entre humains et machines ou encore entre humains par le biais de logiciels. Les propriétés de ce type de structure de données ont permis de diversifier leur utilisation à différentes applications, en particulier la gestion des connaissances et le Web sémantique. Elles sont utilisées pour : [Ottens, 07]

– Résoudre des problèmes de compréhension et faciliter le partage des connaissances entre personnes de spécialités différentes ;
– Assurer l'interopérabilité entre applications à base de connaissances
– Accéder à des ressources hétérogènes.
– Permettre la réutilisation de modèles de connaissances;

- Faciliter la communication entre agents logiciels.
- Annoter des ressources à l'aide de méta-données.
- Améliorer les processus de recherche d'informations.

3.2.3 Types d'ontologies

[Van Heijst, 97] définissent deux grandes typologies d'ontologies : une typologie fondée sur la structure de la conceptualisation et l'autre fondée sur le sujet de la conceptualisation.

Dans la première typologie, ils distinguent trois catégories à savoir
- Les ontologies terminologiques (lexiques, glossaires…);
- Les ontologies d'information (schéma d'une BD);
- Les ontologies des modèles de connaissances.

Dans la deuxième typologie, qui est la plus citée, ils distinguent quatre catégories :
- **Les ontologies d'application** : elles contiennent toutes les informations nécessaires pour modéliser les connaissances pour une application particulière.
- **Les ontologies de domaine** : elles fournissent un ensemble de concepts et de relations décrivant les connaissances d'un domaine spécifique.
- **Les ontologies génériques** (dites aussi de haut niveau) : elles sont similaires aux ontologies de domaine, mais les concepts qui y sont définis sont plus génériques et décrivent des connaissances tels que l'état, l'action, l'espace et les composants. Généralement, les concepts d'une ontologie de domaine sont des spécialisations des concepts d'une ontologie de haut niveau.
- **Les ontologies de représentation** (méta-ontologies) : elles fournissent des primitives de formalisation pour la représentation des connaissances. Elles sont généralement utilisées pour écrire les ontologies de domaine et les ontologies de haut niveau. Exemples : Frame Ontology [Gruber, 93] et RDF Schema Ontology [McBride, 04].

3.2.4. Réutilisation des ontologies

La réutilisation était considérée comme l'un des principaux apports de l'intégration des ontologies dans les systèmes de gestion des connaissances. Avec le développement de plusieurs applications basées sur des ontologies, cette question est de plus en plus mise en cause et alimente de longs débats.

En effet, [Aussenac-Gilles, 00] considère qu'une ontologie est difficilement réutilisable. Il affirme qu'une ontologie garde toujours la trace de la tâche pour laquelle elle a été développée. En d'autres termes, la construction d'une ontologie est toujours guidée par son application, ce qui rend le souhait d'avoir une ontologie universelle totalement utopique.

D'un autre côté, [Uschold, 96] proposent une solution originale à ce problème de réutilisation qui consiste à construire des bibliothèques d'ontologies, où ces dernières pourront ensuite être combinées pour pouvoir générer des nouvelles ontologies. Les auteurs proposent des recommandations pour faire ces combinaisons.

La réutilisation d'une ontologie telle qu'elle dans deux tâches ou deux applications différentes semble donc difficile. Ainsi, comme le souligne [Gomez-Pérez, 03], il existe une dépendance forte entre l'utilisation et la réutilisation des ontologies : « plus elle est réutilisable, moins elle est utilisable ».

La Figure 2.3, représente le degré de réutilisation d'une ontologie par rapport à son degré d'utilisation.

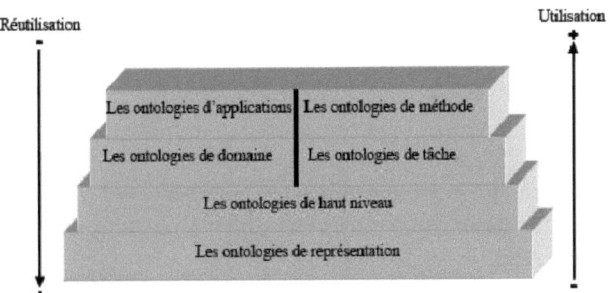

Figure 2.3 – *Problème de réutilisation/utilisation selon [GLmez-Pérez, 03]*

Ce constat a motivé plusieurs travaux sur la réutilisation des ontologies de haut niveau qui répertorient des concepts assez génériques pour décrire la société humaine. Parmi ces travaux, on peut citer le groupe de travail SUO (Standard Upper Ontology) qui propose l'ontologie SUMO (Suggested Upper Merged **Ontology**) [Niles, 01]. Cette ontologie se veut être universelle et réutilisable dans n'importe quelle application. Cette réutilisation est en effet réalisable, si on arrive à spécialiser les concepts génériques de cette ontologie en des concepts spécifiques du domaine étudié.

3.2.5. Difficulté de concevoir une ontologie universelle

La construction d'une ontologie, n'est pas quelque chose de facile. Elle demande un travail approfondi d'analyse et de compréhension du domaine et des utilisateurs du domaine. La construction d'une ontologie universelle est donc un travail qui demandera certainement encore beaucoup de temps. Parmi les projets de ce type, le projet "Cyc" fut créé en 1984 par Doug Lenat. Cyc est une ontologie du sens commun qui définit déjà plus de 306 000 individus et 47000 concepts.

Cette ontologie en tant qu'ontologie universelle est tout de même assez pauvre car elle ne permet pas de décrire l'ensemble des concepts utilisés par un enfant. De plus, bien que la conception des ontologies doive être la plus objective possible, elle est néanmoins touchée par la subjectivité du concepteur et des informations contenues dans le corpus. Ainsi deux ontologies d'un même domaine, définies par deux concepteurs différents, présenteront très certainement des décompositions différentes. Il est donc probable de voir l'apparition de plus en plus d'ontologies différentes, concernant des domaines proches ou identiques, chacune apportant une spécificité ou un point de vue particulier [Dujardin, 07].

3.2.6. Recherche d'information guidée par les ontologies

L'utilisation typique du Web actuel consiste en la recherche d'information qui peut être d'ordre professionnel (veille stratégique/technologique, recherche d'articles…) ou d'ordre personnel (recherche de personnes ou de produits).

Pour faciliter ces tâches, plusieurs moteurs de recherche ont vu le jour (Google, Yahoo, Altavista…). Ces outils, bien qu'ils répondent à une bonne partie des besoins des utilisateurs, présentent quelques problèmes critiques :
– La masse énorme des documents retournés,
– La sensibilité au vocabulaire utilisé dans la requête,
– Le résultat fractionné en pages Web.
– La variabilité des langages utilisés sur le web et le non structuration des documents, ce qui rend cette tâche de plus en plus laborieuse.

La réflexion sur le web sémantique a été essentiellement fondée sur ce problème de la recherche d'informations. En effet, les ontologies peuvent améliorer la pertinence d'une recherche et ce, en recherchant des documents faisant référence à un concept précis au lieu de se baser sur des mot-clés qui peuvent être ambigus.

Prenons l'exemple d'une personne anglo-saxonne qui cherche à trouver l'adresse d'un installateur de fenêtres ; en tapant la requête « Windows installation » dans n'importe quel moteur de recherche, elle obtiendra des milliers de pages traitant l'installation du système d'exploitation de Microsoft et les problèmes qui en résultent, mais elle aura beaucoup de mal à trouver l'information qu'elle recherchait [Khelif, 06b].

Avec l'utilisation d'une ontologie, un moteur de recherche fera la différence entre un site sur lequel 'Windows' désigne un logiciel et un autre sur lequel il désigne une fenêtre.

Cette recherche basée sur les ontologies se présente comme une recherche intelligente qui repose sur la sémantique des ressources et sur les concepts contenus dans les documents qui leur sont associés. Ces ontologies peuvent ainsi, d'une part, guider la création d'annotations sous la forme de métadonnées sur les ressources, et d'autre part, décrire leurs contenus de manière à la fois formelle et signifiante pour être exploitable aussi bien par les humains que par les machines.

Dans cette optique, plusieurs systèmes de recherche d'informations à base d'ontologies ont été proposés, parmi lesquels on peut citer : Ontobroker, Sesame et Corese. La différence entre ces systèmes réside essentiellement dans le langage de représentation et le moteur d'inférence sur les connaissances imbriquées dans les annotations : Ontobroker utilise F-Logic [Kiffer, 95], Sesame utilise SQL92SAIL (du SQL adapté à RDF), et Corese utilise les graphes conceptuels [Sowa, 84].

3.3. Indexation sémantique en recherche d'information

L'indexation sémantique et l'indexation conceptuelle ont été présentées comme des alternatives pour palier les défauts de l'indexation classique (qui a été abordé dans la partie 3.2 du chapitre 1) basée sur des mots simples. Différentes méthodes rentrant dans chacune de ces deux catégories sont proposées dans la littérature [Baziz, 05].

3.3.1. Besoin de l'indexation sémantique

En indexation classique, les entités textuelles (documents et requêtes) sont représentées par des mots clés issus de leurs contenus. L'utilisation des mots pour représenter le contenu des documents et requêtes pose deux problèmes, l'ambiguïté des mots et leur disparité :

L'ambiguïté des mots, dite ambiguïté lexicale, se rapporte à des mots lexicalement identiques et portant des sens différents. Elle est généralement divisée en deux types [Krovetz, 97] :   l'ambiguïté syntaxique et l'ambiguïté sémantique.
- L'ambiguïté syntaxique se rapporte à des différences dans la catégorie syntaxique. Par exemple, « *play* » peut apparaître en tant que nom ou verbe.

- L'ambiguïté sémantique se rapporte à des différences dans la signification, et est décomposée en homonymie et polysémie selon que les sens sont liés ou non.

Le problème d'ambiguïté implique que des documents non pertinents, contenant les mêmes mots que la requête sont retrouvés.

La disparité des mots (word *mismatch*) se réfère à des mots lexicalement différents mais portant un même sens. Ceci implique que des documents, pourtant pertinents, ne partagent pas de mots avec la requête, ne sont pas retrouvés.

Les travaux du domaine ont adressé ces problèmes séparément en apportant des solutions spécifiques à chacun d'eux, puis une solution globale s'est dégagée [Boubekeur, 08].

3.3.2. Indexation sémantique

L'indexation sémantique s'intéresse principalement à la représentation des documents et requêtes par les sens des mots qu'ils contiennent plutôt que par les mots eux mêmes. L'objectif sous-jacent est d'améliorer la représentation des entités indexées et de pallier aux problèmes de l'indexation classique basée mots [Boubekeur, 08].

Elle s'appuie sur des algorithmes de désambiguïsation de mots WSD (Word Sense Disambiguation) pour indexer les documents et les requêtes avec le sens des mots (mots-sens) plutôt qu'avec des mots simples. Une manière d'indexer serait par exemple, d'associer aux mots extraits, des mots du contexte qui aident à déterminer leur sens. Globalement, les travaux réalisés dans le cadre de l'utilisation du sens en RI ont rapporté des résultats mitigés. Mihalcea et Moldovan [Mihalcea, 00], ont observé une amélioration de 16% dans le rappel et de 4% dans la précision quand ils ont utilisé une combinaison de l'indexation basée sur les mots clés et de l'indexation basée sur les synsets de WordNet. Gonzalo et ses collègues [Gonzalo, 98] ont réalisé des expérimentations sur l'indexation basée sens et l'indexation basée synset. Ils ont rapporté que les performances obtenues augmentent de l'approche basée sens à l'approche basée sur les synsets de WordNet. Pour Sanderson [Sanderson, 97] et Krovetz et Croft [Krovetz, 92], une désambiguïsation "performante" permet d'améliorer les performances des SRI, notamment dans le cas des requêtes courtes [Baziz, 05].

3.3.3. Indexation conceptuelle

L'indexation conceptuelle se réfère à la construction de taxonomies conceptuelles à partir des textes. Cette approche est due à Woods [Woods, 97]. Le système conceptuel d'indexation et de recherche proposé extrait automatiquement des mots et des expressions de textes et les organise en un réseau sémantique (taxonomie conceptuelle) qui intègre des relations syntaxiques, sémantiques et morphologiques.

La construction d'une taxonomie de concepts à partir des textes est le plus souvent réalisée en parsant automatiquement chaque expression en une ou plusieurs structures conceptuelles qui représentent comment les éléments de l'expression sont réunis pour construire son sens. Ceci permet à un système de déterminer automatiquement quand le sens d'une expression est plus général que celui d'une autre étant donné sa connaissance des rapports de généralité entre les différents éléments qui composent l'expression [Boubekeur, 08].

4. CONCLUSION

Dans ce chapitre nous avons présenté les deux notions principales auxquelles nous faisons appel, comme support, pour la modélisation de nos propositions. Il s'agit de la notion du contexte et celle de la sémantique.

En RI contextuelle, le contexte dénote pratiquement tout élément qui peut affecter le jugement de la pertinence. Parmi ces éléments, on retrouve la structure de similarité du corpus, l'environnement lexical, de même que l'utilisateur lui-même (avec ses connaissances et ses préférences). L'importance du contexte s'explique par sa capacité à donner sens au phénomène observé. C'est effectivement en regard aux éléments environnants, aux conditions favorisant l'émergence de la requête et des documents que leur sens est révélé. Plusieurs études en sciences cognitives s'accordent dans ce sens : l'information doit être comprise dans son contexte, et la prise en considération du contexte dans la RI est cruciale.

En RI sémantique, les ontologies visent à représenter la connaissance en étant à la fois interprétables par l'homme et par la machine. L'utilisation de cette connaissance à pour but de faciliter la modélisation du processus de recherche. Tout d'abord, les connaissances peuvent être utiles pour la compréhension du contenu des granules d'information en apportant une sémantique aidant à interpréter les mots qui le composent. Elles peuvent également aider à la prise en compte de la tâche de l'utilisateur, en reposant en particulier sur l'exploitation des méta-données qui sont associées aux granules. Enfin, elles peuvent également être utiles dans la compréhension du besoin de l'utilisateur aussi bien par l'utilisateur lui-même que par le système. La considération de la sémantique en RI permet donc de donner une vue générale sur la connaissance disponible dans un corpus et peut aider à spécifier le besoin d'information d'un utilisateur.

Chapitre 3

Evaluation des systèmes de recherche d'information

Chapitre 3

Evaluation des Systèmes de Recherche d'Information

1. Introduction	69
2. Notion de pertinence	70
2.1. Pertinence système	70
2.2. Pertinence utilisateur	70
3. Protocole d'évaluation des systèmes de recherche d'information	71
3.1. Collection de teste	71
3.2. Mesures d'évaluation	72
3.2.1. Rappel et Précision	72
3.2.2. Courbe Rappel/Précision	73
3.2.3. Précision moyenne	75
3.2.4. Moyenne des précisions moyennes (MAP)	75
3.2.5. Mesures de haute précision P@X	76
3.2.6. R-Précision	76
3.2.7. Mesures combinées	76
3.2.8. Autres mesures d'évaluation d'un SRI	77
4. Campagnes d'évaluation	78
4.1. TREC (Text REtrieval Conference)	79
4.2. CLEF (Cross-Language Evaluation Forum)	79
5. Limites de l'évaluation classique des SRI	80
5.1. Limites par rapport à l'utilisateur	80
5.2. Limites par rapport aux jugements de pertinence	80
5.3 Limites par rapport au corpus de documents et de requête	81
6. Mesures pour évaluation contextuelle et sémantique	81
6.1. Mesures d'évaluation des systèmes contextuels	81
6.1.1. La mesure RR (Relative Relevance)	81
6.1.2. Les mesures CG et DCG	82
6.1.3. La mesure GRP (Generalised Recall and Precision)	82
6.2. Mesures de similarité entre concepts d'une ontologie	83
6.2.1. Mesure de Resnik	83
6.2.2. Mesure de Leacock et Chodorow	84
6.2.3. Mesure de Lin	84
6.2.4. Mesure de Wu et Palmer	84
7. Conclusion	85

1. INTRODUCTION

La recherche d'information est aujourd'hui une activité d'une grande importance. Il faut pouvoir, parmi le volume important de documents disponibles, trouver ceux qui correspondent au mieux à nos besoins en un minimum de temps. À cet effet, des outils de recherche d'information ont été mis en place pour permettre de retrouver des informations dans des corpus important de documents. Par conséquent, plusieurs questions se posent au sujet de ces outils, notamment au sujet de leur performance et de la pertinence des résultats qu'ils retournent.

L'évaluation des systèmes de recherche d'information est donc un thème de recherche important en sciences de l'information. Elle peut porter sur plusieurs critères : le temps de réponse, la pertinence des résultats, la qualité de la présentation, etc. Le critère le plus important est sans doute celui qui mesure la capacité du système à satisfaire le besoin de l'utilisateur en information, cette satisfaction se traduit par une forte adéquation entre la requête émise et les documents retournés. Dans ce contexte des campagnes d'évaluation ont été mises en place depuis les années soixante pour juger l'efficacité de ces systèmes et ainsi faire évoluer leurs performances sur le plan technique mais également par rapport aux attentes des utilisateurs.

Nous nous intéressons dans ce chapitre à l'évaluation des SRI textuelles. Dans ce domaine, il existe actuellement deux approches bien distinctes l'une de l'autre [Hedin, 04]. La première repose sur la performance des systèmes en eux-mêmes, elle est quantitative et représente le modèle actuel dominant. La deuxième approche de l'évaluation des SRI s'attache plus particulièrement à la place de l'utilisateur face à ces systèmes. Elle consiste à évaluer un système, non sur ses performances techniques mais en fonction de la satisfaction que retire l'usager. Entre ces deux approches, une multitude de méthodologies d'évaluation a été proposée, ces propositions portent essentiellement sur des collections de tests, des protocoles d'évaluations et des mesures de jugement de pertinence.

Ce chapitre est organisé de la façon suivante : nous commençons par présenter la notions de pertinence, nous décrivons par la suite le principe des protocoles d'évaluation et les fondements sur lesquels se base un protocole, plus précisément nous présentons les différentes mesures d'évaluations standards des systèmes de recherche. Dans la section suivante nous présentons les campagnes d'évaluation TREC et CLEF comme modèle du paradigme système. Enfin nous cernons les limites des approches classiques pour l'évaluation des SRI et nous présentons les nouvelles métriques adaptées aux systèmes de recherche contextuelle et sémantique.

2. NOTION DE PERTINENCE

La pertinence représente la question fondamentale posée lors de l'accès à l'information. Elle dépend notamment du centre d'intérêt ou du domaine d'application, mais également du moment, du lieu et du support que l'utilisateur a choisi pour accéder à l'information, et enfin du système qui délivre cette information [Zemirli, 08]. La notion de pertinence est liée au jugement individuel d'un utilisateur (pertinence utilisateur) et elle est estimée par les SRI (pertinence système).

2.1. Pertinence système

Les SRI doivent s'appuyer sur un modèle de pertinence qui leur permet de calculer pour chaque document un score de pertinence. La pertinence apparaît donc ici comme une valeur numérique calculée par les SRI. Cette pertinence système a cependant des limites car elle est estimée à partir d'un score de ressemblance entre la requête et les documents, et détermine une pertinence supposée des documents pour l'utilisateur.

2.2. Pertinence utilisateur

La pertinence utilisateur est une notion subjective permet à ce dernier d'exprimer sa satisfaction par rapport aux documents que le système lui restitue. En effet, deux utilisateurs différents ayant soumis la même requête au SRI ne jugent pas de la même manière les réponses du système. Dans le cas où le jugement de pertinence est donné par un degré de pertinence des documents, le désaccord entre plusieurs utilisateurs est dû au fait que les besoins sont différents et que le même besoin peut être exprimé différemment en fonction de l'utilisateur. De plus, l'interprétation que l'utilisateur fait des documents qu'il reçoit dépend en partie de ses connaissances personnelles et de son expérience, ainsi que du contexte dans lequel s'effectue sa recherche [Kompaoré, 08].

Outre ce classement basé sur l'entité qui produit le jugement, nous trouvons dans les travaux de [Zemerli, 08] une distinction entre quatre types de pertinence :

- ***Pertinence algorithmique:*** la pertinence est traduite par une mesure algorithmique dépendant des caractéristiques des requêtes d'une part et des documents d'autre part. C'est le seul type de pertinence qui est indépendant du contexte.
- ***Pertinence thématique*** : elle traduit le degré d'adéquation de l'information retrouvée au thème et non au contenu de la requête; C'est le type de pertinence adressé par les assesseurs (experts) de la campagne d'évaluation TREC (Text REtrieval Conference).

- **Pertinence cognitive :** il s'agit de la pertinence liée au thème de la requête, 'pondérée' par la perception ou les connaissances de l'utilisateur sur ce même thème ;
- **Pertinence situationnelle :** c'est la pertinence liée à la tâche de recherche. Ce type de pertinence traduit essentiellement l'utilité de l'information relativement au but de recherche de l'utilisateur.

3. PROTOCOLE D'EVALUATION DES SYSTEMES DE RECHERCHE D'INFORMATION

Un protocole regroupe la description des conditions et des étapes de déroulement d'une expérience, dans notre cas l'évaluation des systèmes de recherche d'information. La description doit être suffisamment claire afin que l'expérience puisse être reproduite et il doit faire l'objet d'une analyse critique pour détecter les limites afin d'évoluer les systèmes.

Dès les années 1970, un protocole complet d'évaluation de systèmes d'informations documentaires a été conçu et mis en place dans le cadre du projet Smart de Gérald Salton [Salton, 83].

Pour évaluer un système de recherche d'informations, il suffira de lui soumettre les questions-tests, et de comparer les réponses qu'il fournira aux réponses attendues. En mesurant la différence entre la réponse du système et la réponse attendue pour obtenir une mesure de qualité sur les performances du système documentaire [Cruzel, 01]. Un protocole d'évaluation repose généralement sur des collections de tests et des jugements de pertinence.

3.1. Collection de tests

Pour évaluer le degré de pertinence des réponses d'un système de recherche d'information à une requête, il est nécessaire de connaître l'ensemble des documents pertinents pour une requête donnée. C'est à cette fin que des collections de tests ont été élaborées. Une collection de tests comprend : des corpus de documents, une liste de requêtes prédéfinies et des jugements de pertinence.

Corpus de documents : c'est un ensemble de documents à indexer, il s'agit de l'ensemble des informations accessibles et exploitables sur lesquelles le système sera évalué. Un groupe d'experts dans un domaine participent généralement à la constitution d'un corpus documentaire homogène et cohérent couvrant le domaine. Dans le cas général et pour un souci d'optimalité, la base documentaire constitue des représentations simplifiées mais suffisantes pour ces documents. Ces représentations sont étudiées de telle sorte que la gestion (ajout suppression d'un document) ou l'interrogation (recherche) de la base se font dans les meilleures conditions de coût.

Requête : c'est une représentation d'un besoin d'information. Il est souhaitable que le protocole d'évaluation prend en compte une requête directement dans la forme où elle a été soumise au système, et non un besoin ou une question exprimée sous forme libre et détaillée (éventuellement beaucoup plus riche d'informations). Ceci restreint d'emblée les objectifs même de l'évaluation, qui ne permettra pas d'effectuer des mesures de performance relatives (entre SRI), si ces SRI n'offrent pas le même langage de requêtes et n'exploitent pas les mêmes enrichissements associés aux documents [Cruzel, 01].

Jugements de pertinence: ils sont manuellement établis et constituent la liste des documents pertinents pour chaque requête. Ils peuvent être portés par l'utilisateur lui-même, ou par un observateur expert 'extérieur' qui se concentrera plus facilement sur la « pertinence ». Ils peuvent prendre des formes booléennes variées (le document est pertinent ou il ne l'est pas) ou plus nuancées, généralement par l'usage de pondérations. L'utilisation de poids ou de pondérations implique la définition d'une échelle de mesure [Cruzel, 01].

3.2. Mesures d'évaluation

Tout l'enjeu du processus de recherche d'information est de minimiser la distance entre la pertinence système et la pertinence utilisateur. Plusieurs mesures standards en RI ont été proposées pour évaluer les performances des SRI. Nous nous basons sur les travaux de [Kompaoré, 08] pour présenter ces mesures.

3.2.1. Rappel et Précision

Le rappel et la précision sont deux mesures de base pour évaluer les performances des systèmes de recherche d'information. Le principe de ces deux mesures est basé sur la connaissance à-priori des documents pertinents de la collection d'une part, et d'autre part la partition de l'ensemble des documents restitués par le SRI en deux catégories : documents pertinents et documents non pertinents. La figure 3.1, illustre la partition de la collection de tests pour une requête.

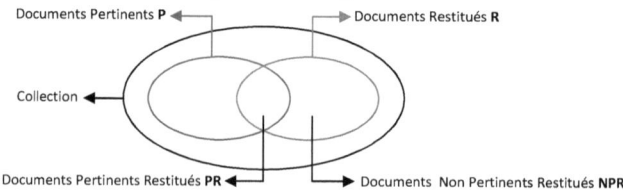

Figure 3.1 – *Partition de la collection pour une requête [Tamine, 00]*

Le Rappel

Cette mesure peut être vue comme une mesure de couverture du système. Elle calcule la capacité du SRI à retrouver les documents pertinents de la collection. Le rappel indique le pourcentage de documents pertinents qui ont été retrouvés par le SRI par rapport à l'ensemble des documents pertinents de la collection.

$$Rappel = \frac{|PR|}{P} \qquad (3.1)$$

La Précision

Cette mesure calcule la capacité du SRI à retrouver uniquement les documents pertinents. La précision permet de mesurer la fraction des documents pertinents parmi ceux qui ont été retrouvés par le système.

$$Précision = \frac{|PR|}{|R|} \qquad (3.2)$$

Un SRI idéal est un système qui restitue tous les documents pertinents (rappel = 1), et tous les documents qu'il retrouve sont pertinents (précision =1) pour la requête de l'utilisateur. En pratique, cet idéal n'est jamais atteint puisque ces deux quantités évoluent en sens inverse. Intuitivement, si on augmente le rappel en retrouvant plus de documents pertinents, et si on diminue la précision en retrouvant aussi plus de documents non pertinents. Inversement, une plus grande précision risque de rejeter des documents pertinents diminuant ainsi le rappel [Boubekeur, 08].

3.2.2. Courbe Rappel/Précision

Soit une requête Q, et soit N = (d3, d8, d12, d11, d1, d23, d210, d2, d13, d7) l'ensemble des documents que l'on sait pertinents pour la requête Q. Soit S un SRI qui retourne les documents du tableau 3.1 en réponse à la requête Q.

[1]	d12*	[6]	d3*	[11]	d88	[16]	d31
[2]	d1*	[7]	d33	[12]	d77	[17]	d72
[3]	d17	[8]	d11*	[13]	d7*	[18]	d23*
[4]	d8*	[9]	d5	[14]	d210*	[19]	d4
[5]	d15	[10]	d2*	[15]	d18	[20]	d13*

Tableau 3.1 – *Liste des documents restitués par un SRI pour la requête Q* [Kompaoré, 08].

Dans le tableau 3.1, les documents sont ordonnés par pertinence décroissante. Les chiffres entre crochets représentent le rang du document dans la liste restituée. Les documents suivis du symbole "*" correspondent aux documents pertinents restitués par le système. Le premier document de la liste (document d12) est pertinent. On en déduit que d12 correspond à un taux de rappel de 10% (d'après la formule 2.1) puisque seulement un document pertinent sur 10 a été retrouvé à ce moment.

Lorsque le système S retrouve le document d12 au rang 1, il obtient une précision de 100% au taux de rappel de 10%.

Les listes de documents restitués par les SRI sont en général ordonnés par degré de pertinence système. Il est alors possible d'examiner les listes en partant du document ayant obtenu le meilleur score. Les taux de rappel et précision varient dans ce cas en fonction des documents analysés. En général, onze points de rappel sont considérés en RI : (0%, 10%, 20%, ..., 100%). À chaque nouveau document analysé, on calcule alors le taux de rappel réel correspondant (R), et le processus est stoppé lorsque R est inférieur ou égal au point de rappel choisi Ri, soit (Ri−1 < R ≤ Ri). Le taux de précision P(R) est calculé à chacun de ces points de rappel.

En reprenant l'exemple présenté dans le tableau 3.1, le prochain document pertinent que S restitue (après le document d12) est le document d1 et il se situe au rang 2. Le système obtient donc un taux de précision de 100% (2 documents pertinents sur 2 documents retournés) au taux de rappel de 20% (2 documents pertinents retrouvés sur l'ensemble des 10 documents pertinents pour la requête). Les valeurs de rappel et précision ainsi calculées sont représentées à l'aide d'une courbe rappel/précision aux 11 points de rappel standards. La figure 2.2, illustre cette courbe.

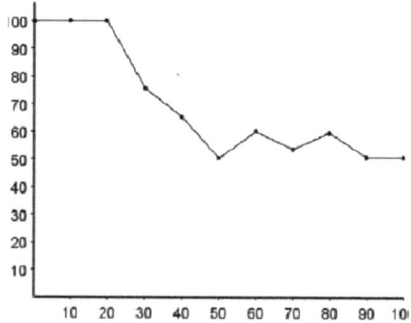

Figure 3.2 – *Précision aux 11 points standards de rappel [Kompaoré, 08]*

3.2.3. Précision moyenne

L'évaluation d'un système de recherche d'information est effectuée sur la base d'une collection de requêtes test. Dans ce cas, une valeur moyenne des valeurs de précision sur l'ensemble de requêtes |Q| peut être calculée comme suit :

$$PM(Ri) = \sum_{k=1}^{|Q|} \frac{Pk(Ri)}{|Q|} \qquad (3.3)$$

Avec :
PM(Ri) : la précision moyenne au point de rappel Ri,
|Q| : le nombre de requêtes,
Pk(Ri) : la précision au point de rappel Ri pour la requête numéro k.

3.2.4. Moyenne des précisions moyennes (MAP)

Cette mesure calcule la moyenne des valeurs de précision moyenne non interpolées sur l'ensemble des documents pertinents. La formule suivante donne la méthode de calcul de la MAP :

$$MAP = \frac{1}{n}\sum_{Qi} \frac{1}{|Pi|} \sum_{Dj \in Pi} \frac{j}{r_{ij}} \qquad (3.4)$$

Avec :
rij : correspond au rang du j-ième document pertinent pour la requête Qi.
|Pi| : indique le nombre de documents pertinents pour la requête Qi,
n   : correspond au nombre de requêtes de test.

L'exemple présenté dans le tableau 3.2, illustre le calcul de la MAP.

Q1	Q2	Commentaires
1	4	Rang du 1er document pertinent
5	8	Rang du 2ème document pertinent
10	9	Rang du 3ème document pertinent

Tableau 3.2 *– Listes restituées par un système en réponse aux requêtes Q1 et Q2 [Kompaoré, 08]*

La MAP vaut alors :

$$MAP = \frac{1}{2}\left[\frac{1}{3}\left(\frac{1}{1} + \frac{2}{5} + \frac{3}{10}\right) + \frac{1}{2}\left(\frac{1}{4} + \frac{2}{8}\right)\right] = 0.4083 \qquad (3.5)$$

3.2.5. Mesures de haute précision P@X

Les mesures de haute précision permettent de ne pas évaluer l'ensemble des documents contenus dans la liste restituée par un SRI. On considère alors les X premiers documents, et la précision est calculée en fonction de la valeur de X. L'idée est qu'un système qui retourne en tête de liste un grand nombre de documents pertinents obtient une P@X supérieure à un autre système pour lequel les documents pertinents sont dispersés dans la liste restituée. Les valeurs de X peuvent être fixées à 5, 10, 15, 30, ou 100 documents par exemple. Si la valeur de X est plus grande que le nombre total de documents retrouvés, les documents manquants sont considérés non pertinents. La valeur de haute précision correspondante est alors diminuée. Par exemple, un système qui restitue 2 documents tous pertinents aura une valeur de P@5 égale à 2/5, même si seulement 2 documents sont retrouvés.

2.6. R-Précision

Elle mesure la précision (ou le rappel) après que R documents ont été restitués pour la requête. R représente le nombre total de documents pertinents pour la requête. Cette mesure compense les limites des mesures de haute précision quand la précision est calculée pour X documents et que le nombre total de documents |P| est inférieur à X. Si la valeur de R est plus grande que le nombre total de documents retrouvés, tous les documents non retrouvés sont alors considérés non pertinents.

2.7. Mesures combinées

L'idée de définir de nouvelles mesures qui combinent les mesures standards de rappel/précision est principalement motivée par les points suivants : [Korfhage, 97]

- La difficulté de calcul du rappel maximal dans les collections volumineuses (dénombrement des documents pertinents à une requête),
- L'inadéquation de ces mesures dans le cas où la fonction d'appariement n'est pas une fonction d'ordre faible,
- La nécessité de combiner les deux aspects rappel/précision.

Dans le but d'y pallier, deux principales mesures combinées ont été définies : mesure harmonique et mesure orientée utilisateur.

Mesure harmonique (F-mesure)

Van Rijsbergen [Rijsbergen, 79] a introduit la *F-mesure* comme combinaison du rappel et de la précision. La F-mesure est définie à travers la formule suivante :

$$F\beta = \frac{(\beta^2 + 1) * \text{Précision} * \text{Rappel}}{\beta^2 * \text{Précision} + \text{Rappel}} \quad (3.6)$$

Où β traduit l'importance relative du rappel et de la précision.
Par exemple, β=2 représente une précision deux fois plus importante que le rappel. Dans le cas particulier où β=1, la F-mesure définit **la moyenne harmonique** du rappel et de la précision [Boubekeur, 08]:

$$F = \frac{2*\text{Précision}*\text{Rappel}}{\text{Précision}+\text{Rappel}} \quad (3.7)$$

$$F = \frac{2}{\frac{1}{\text{Rappel}} + \frac{1}{\text{Précision}}}$$

Maximiser la F-mesure revient à trouver le meilleur compromis entre le rappel et la précision. La valeur maximale de la F-mesure est 1. Elle est obtenue quand tous les documents classés sont pertinents, et quand tous les documents pertinents ont été classés.

Mesure à l'intervention de l'utilisateur

Le jugement de pertinence des documents sélectionnés étant dépendant de l'utilisateur, de nouvelles mesures ont été proposées afin de relativiser l'évaluation de recherche à l'utilisateur [Korfhage, 97]. A cet effet, deux nouvelles mesures ont été définies :

Coverage : Proportion de documents pertinents connus de l'utilisateur et restitués par le système

$$\text{Coverage} = \frac{|\text{RPC}|}{|\text{PC}|} \quad (3.8)$$

Novelty : Proportion de documents pertinents inconnus de l'utilisateur, et restitués par le système

$$\text{Novelty} = \frac{|\text{RPI}|}{|\text{RPI}|+|\text{RPC}|} \quad (3.9)$$

Avec :
RPI : Documents restitués, pertinents et inconnus de l'utilisateur
RPC : Documents restitués, pertinents et connus de l'utilisateur
PC : Documents pertinents connus de l'utilisateur

Ces mesures restreignent les valeurs standards de rappel et précision au champ de vision d'un utilisateur.

3.2.8. Autres mesures d'évaluation d'un SRI

D'autres mesures d'évaluation d'un SRI existent. Ainsi, des mesures complémentaires au rappel et à la précision, respectivement le bruit et le silence ont été définies comme suit :

$$\text{Bruit} = \frac{|DNPR|}{|DPR \cup DNPR|} \quad (3.10)$$
$$\text{Silence} = \frac{|DPNR|}{|DP|} \quad (3.11)$$

L'indice de Fallout (ou Hallucination) peut être utilisé à la place du rappel. Il définit le pourcentage de documents non pertinents qui ont été retrouvés [Ishioka, 03]. Il exprime l'erreur du système. Formellement :

$$\text{Fallout} = \frac{|DNPR|}{|DNP|} \quad (3.12)$$

L'élimination est la mesure complémentaire de *Fallout*. Elle définit le pourcentage de documents non pertinents non retrouvés [Boubekeur, 08]. Elle est définie par :

$$\text{Elimination} = \frac{|DNPNR|}{|DNP|} \quad (3.13)$$

4. CAMPAGNES D'EVALUATION

Les campagnes d'évaluation en RI permettent d'évaluer sur des collections différentes plusieurs SRI, afin de valider les différents modèles mis en œuvre, et comparer les systèmes. Les objectifs essentiels des campagnes sont les suivants :

- Encourager la RI sur de grandes collections fermées,
- Développer la communication entre l'industrie, l'académie et le gouvernement en mettant en place un forum ouvert pour faciliter les échanges d'idées sur la recherche,
- Augmenter la vitesse de transfert de la technologie du laboratoire de recherche aux enseignes commerciales,
- Rendre disponible et accessible des techniques d'évaluations appropriées pour les industriels et les académiciens [Hedin, 04].

Chaque campagne est constituée d'un certain nombre de tâches fournissant des résultats, et un protocole d'évaluation pour chaque tâche. les campagnes de TREC (Text REtrieval Conference) sont devenues la référence en ce qui concerne l'évaluation des systèmes de recherche d'information mais on peut également citer les campagnes CLEF (Cross-Language Evaluation Forum) qui se rattachent plus particulièrement aux systèmes multilingues, INEX pour l'évaluation de la recherche d'information pour des contenus orientés XML, NTCIR (NII-NACSIS Test Collection for IR Systems) pour l'évaluation des systèmes de recherche et d'accès à l'information pour les langues asiatiques et AMARYLLIS dont la méthodologie est fondée sur TREC, concerne l'évaluation des systèmes d'accès en français à l'informations textuelles.

4.1. La campagne TREC (Text REtrieval Conference)

La campagne TREC est financée par la DARPA (Defense Advanced Research Projects Agency) et le NIST (National Institute of Standards and Technology). La première campagne TREC (TREC-1) voit le jour en 1992 avec 25 participants issus du monde académique et industriel. La 17ème édition de TREC est TREC 2008. À chaque session, TREC met à disposition des participants à la campagne un ensemble de documents et de requêtes. Pour chacune des requêtes, l'ensemble des documents pertinents est déterminé par des juges humains. TREC met aussi à disposition des participants un programme nommé *trec-eval* qui permet de calculer, pour un ensemble de requêtes, les performances des systèmes selon plusieurs critères et mesures. Elle utilise comme principales métriques les taux de rappel et de précision.

Chaque campagne TREC est composée d'un ensemble de tâches focalisées sur un ou plusieurs aspects du problème de la RI ; cet ensemble évolue chaque année en fonction des demandes et des propositions. Certaines tâches peuvent être considérées comme principales ou plus importantes entre autres les tâches Adhoc, Question Answering, Filtering ou encore Web [Lafage, 08].

4.2. La campagne CLEF (Cross-Language Evaluation Forum)

Le programme européen d'évaluation de SRI en langues européennes CLEF a été lancé en 2000. Il encourage la recherche et le développement dans l'accès aux informations multilingues en fournissant une infrastructure pour tester et évaluer les SRI.

Ce programme reprend les différentes tâches ainsi que le protocole utilisé lors des conférences TREC comme par exemple la tâche *adhoc* et la tâche questions-réponses (*question answering*). Les requêtes sont élaborées en essayant de recréer un besoin simulé d'information. Des personnes, pour chaque langue, proposent un ensemble de thèmes touchant des évènements locaux, européens... Les thèmes sont ensuite testés de façon à vérifier qu'ils sélectionnent un nombre suffisant de documents dans chaque collection. Les collections multilingues sont constituées d'un corpus d'environ 1.8 millions de documents issus de la même période et dans 10 langues.

CLEF distingue deux types de tâches :

- Les tâches principales, à savoir les pistes monolingues, bilingues, multilingues et de recherche dans un domaine spécifique.

- Les tâches additionnelles dont le but est d'identifier de nouveaux besoins, de nouvelles exigences ou bien encore de trouver de nouvelles méthodes d'évaluations de SRI.

L'un des objectifs de CLEF est d'encourager le développement de système de recherche multilingue capable à partir d'une question posée dans une langue de fournir une liste de résultats [Hedin, 04].

5. LIMITES DES APPROCHES CLASSIQUES POUR L'EVALUATION DES SRI

Malgré la popularité et la reconnaissance de ces deux campagnes d'évaluation que sont TREC et CLEF, ces approches pour l'évaluation des systèmes de recherche d'informations présentent certaines limites notamment au sujet de la prise en compte de l'usager, de la constitution des corpus et des requêtes mais également de l'évaluation elle-même.

Pour de mieux cerner les limites de l'évaluation classique des SRI, Nous nous sommes basés sur les travaux de [Tamine, 10], [Chaudiron, 02] et [Menegon, 09]. Une synthèse de ces travaux nous a permis de définir trois (03) classes de problèmes, chacune de ces classes est liée à un acteur qu'on trouve généralement autours d'un processus d'évaluation. Il s'agit des limites liées à l'absence de l'usager dans le processus d'évaluation, celles liées aux jugements de pertinence et enfin les limites liées aux corpus de documents et celui de requêtes.

5.1. Limites par rapport à l'utilisateur

Nous pouvons reprocher à ces approches d'évaluation d'être artificielles et arbitraires. Si le TREC a effectivement amélioré l'efficacité du système, la notion d'utilisateur final implique des connaissances personnelles, une expérience et des capacités de recherche différentes, dont l'évaluation du système ne se soucie pas. En effet, ces évaluations ne tiennent pas compte du contexte dans lequel se fait la recherche puisqu'elles ne sont pas effectuées en situation d'utilisation réelle. Dans ce contexte [Chaudiron, 02] affirme que l'absence de l'usager dans le processus d'évaluation est l'une des premières et sans doute la plus importante critique des approches classiques qui utilisent des critères autres que le rappel et la précision.

5.2. Limites par rapport aux jugements de pertinence

La pertinence est une notion subjective et il paraît impensable de pouvoir la mesurer sans être arbitraire. Nous pouvons noter également que les jugements de pertinence dans le TREC opèrent de façon binaire : un document est jugé pertinent ou ne l'est pas. Pourtant, ce n'est évidemment pas toujours le cas, certains documents sont plus pertinents que d'autres qui le sont quand même. Ces degrés de pertinence dépendent encore de la disposition d'esprit de la personne ayant réellement besoin de ces documents. Cette constatation est validée par les travaux de [Tamine, 10] montrant que la pertinence considérée dans l'évaluation classique des SRI est thématique, indépendante du contexte, de la situation de recherche et des centres d'intérêt des utilisateurs. De même les travaux de [Chaudiron, 02] ont montré que les jugements de pertinence doivent être nuancés dans le sens où ils sont stables et ne varient pas dans le temps et qu'ils sont attribués indépendamment les uns des autres.

5.3 Limites par rapport au corpus de documents et de requêtes

Dans les corpus traditionnels, un document est un texte à part entière, et l'évaluation se fait par rapport au nombre de documents retrouvés, or en général, un utilisateur ne cherche pas des documents mais de l'information, et les documents ne contiennent jamais la même quantité d'information. De même pour les corpus de requêtes où la requête est un besoin d'information exprimé en langage naturel. Or, c'est tout le problème de la représentation du besoin d'information de l'usager. La tâche de RI se transforme en tâche de savoir poser les questions à ces systèmes car les écarts sont grands entre ce que nous pensons et ce qui est interprété. [Tamine, 10] constate que le protocole d'évaluation étant en mode batch, les requêtes sont supposées ainsi représenter à elles seules l'utilisateur. Par conséquence les utilisateurs directs ayant émis ces requêtes, leurs centres d'intérêt et interactions avec le SRI ne font pas partie intégrante de la collection.

6. MESURES POUR L'EVALUATION CONTEXTUELLE ET SEMANTIQUE

6.1. Mesures d'évaluation des systèmes contextuels

Différentes mesures ont été proposées dans le cadre de l'évaluation des systèmes de recherche contextuelle. Ces mesures sont, en général, des extensions de celles que nous avons présentées précédemment, nous citons parmi elles :

6.1.1. La mesure RR (Relative Relevance)

La mesure RR a pour objectif de considérer différents types de pertinence (pertinence non binaire) dans l'évaluation de l'efficacité d'un système d'accès contextuel à l'information. Cette mesure quantifie le degré de concordance entre les types de jugement de pertinence émis dans le cas de deux ensembles de jugements (soit R1 et R2), ces derniers sont associés à une même liste de documents qui constitue les résultats d'une session de recherche. En pratique, R1 correspond généralement aux scores de pertinence algorithmique retournés par un SRI et R2 à des scores de pertinence contextuelle correspondant à un type de pertinence donné : conjoncturelle

Chapitre 03 : *Evaluation des Systèmes de Recherche d'Information*

si elle est exprimée par un utilisateur, thématique si elle est exprimée par un assesseur etc. La valeur de corrélation entre R1 et R2 est généralement calculée en utilisant une mesure du cosinus. [Zemirli, 08]

6.1.2. Les mesure CG (Cumulative Gain) et DCG (Discount Cumulative Gain)

Les mesures CG et DCG sont des mesures définies dans le contexte d'une pertinence graduelle et dont l'objectif est d'estimer le gain de l'utilisateur en termes de pertinence cumulée en observant les documents situés jusqu'à un rang donné. Ces mesures sont définies comme suite :

$$CG[i] = \begin{cases} G[1], \text{si } i = 1 \\ CG[i-1] + G[i], \text{sinon} \end{cases} \quad (3.14)$$

Où G[i] est la valeur de pertinence associée au document de rang i.

$$CG[i] = \begin{cases} G[1], \text{si } i = 1 \\ CG[i-1] + G[i]/\log q, \text{sinon} \end{cases} \quad (3.15)$$

Comparativement à la mesure CG, la mesure DCG permet d'atténuer le gain de pertinence apporté par un document en fonction du rang associé. Ceci rejoint en effet l'hypothèse évidente que plus le rang d'un document est élevé, moins il est probable que l'utilisateur l'examine et donc moins il est à l'origine d'un gain effectif de pertinence. [Zemirli, 08]

6.1.2. La mesure GRP (Generalised Recall and Precision)

La mesure GRP généralise les mesures classiques de rappel et de précision en considérant une pertinence graduelle. Le rappel généralisé (GR) et la précision généralisée (GP) sont calculés comme suit :

$$GP = \sum_{d \in R} r(d)/|R| \quad (3.16)$$

$$GR = \sum_{d \in R} r(d)/\sum_{d \in R} r(d) \quad (3.17)$$

Où R est l'ensemble des documents retournés par le SRI, d est l'ensemble des documents de la collection, *r(d)* est la valeur de pertinence graduelle associée au document *d*.

De manière analogue aux mesures classiques de rappel/précision, selon [Zemirli, 08], ces mesures offrent la possibilité d'être agrégées pour plusieurs requêtes ou plusieurs niveaux de rappel et donnent ainsi la possibilité de tracer des courbes de performances.

6.2. Mesures de similarité entre concepts d'une ontologie

La connaissance que l'ontologie représente peut être utilisée à différents niveaux dans le processus de RI. Elle peut aider à l'indexation des documents, alors appelée indexation sémantique. Les ontologies peuvent également aider à la formulation du besoin de l'utilisateur et à l'accès aux documents. Elle peut être utilisée dans le modèle lui-même pour réaliser l'appariement entre le besoin et les granules documentaire [Hernandez, 06].

Différentes mesures ont été définies pour permettre le calcul de la similarité entre concepts d'ontologie. Ces mesures sont classées par rapport aux caractéristiques des concepts permettant d'évaluer la similarité. Ces caractéristiques reposent soit sur la distance entre les concepts à travers leurs liens dans l'ontologie, soit sur l'information contenue dans les concepts, soit sur les deux. [Hernandez, 06]. Nous présentons dans ce contexte les plus utilisées de ces mesures :

6.2.1. Mesure de Resnik

Resnik [Resnik, 99] a introduit la notion de *Contenu d'Information* (Information Content ou *IC*) des concepts en utilisant le sous-ensemble correspondant à la hiérarchie *est-un (is-a)*. L'idée principale derrière cette mesure est que deux concepts sont sémantiquement liés ou proches, proportionnellement à la quantité d'information qu'ils partagent. La quantité d'information est déterminée par le contenu d'information du plus spécifique concept (nœud de la hiérarchie) qui subsume les deux concepts à comparer qu'il appelle LCS (pour Least Common Subsumer). Elle est définie comme suit :

$$\text{Sim}(c1, c2) = \text{IC}\big(\text{Lcs}(c1, c2)\big) \qquad (3.18)$$

Le contenu d'information (IC) d'un concept est estimé en calculant sa fréquence dans un large corpus. Il est défini comme le négatif du log de sa probabilité :

$$\text{IC}(\text{concept}) = -\log\big(\text{P}(\text{concept})\big) \qquad (3.19)$$

La fréquence d'un concept dans la hiérarchie, inclut la fréquence de tous ces descendants puisque une occurrence ajoutée à un concept est aussi ajoutée aux concepts qui le subsument. Par conséquent, les concepts qui se trouvent dans la partie supérieure de la hiérarchie vont avoir les plus grandes fréquences que ceux qui se trouvent dans le niveau le plus spécifique (en bas de la hiérarchie). Ce qui justifie le moins (-) du log affecté par Resnik pour favoriser les concepts spécifiques qui se trouvent en bas de la hiérarchie [Baziz, 05].

6.2.2. Mesure de Leacock et Chodorow

La mesure de Leacock et Chodorow [Leacock, 98] est une mesure basée sur le chemin. Elle dépend de la longueur du plus court chemin entre concepts dans une hiérarchie (*is-a*). Cette mesure est définie comme suit :

$$\text{Sim}(c1, c2) = \max\left[-\log\left(\frac{\text{length}(c1,c2)}{2*D}\right)\right] \quad (3.20)$$

Où :

- length(c1,c2) : est le plus court chemin entre deux noeuds

- D : la profondeur maximale dans la taxonomie (égale à 16 dans WordNet 1.7).

6.2.3. Mesure de Lin

La définition donnée par Lin de la similarité sémantique repose sur trois suppositions [Lin, 98]. La similarité entre deux concepts est liée aux caractéristiques qu'ils ont en commun (plus ils ont de caractéristiques communes, plus les concepts sont similaires) et à leurs différences (plus deux concepts sont différents, moins ils sont similaires). La similarité maximale est obtenue lorsque deux concepts sont identiques.

Selon le *Théorème de Similarité* de Lin [Lin, 98], la similarité entre deux concepts est mesurée par :

$$\text{sim\_lin}(c1, c2) = \frac{2*\text{IC}(\text{Lcs}(c1,c2))}{\text{IC}(c1)+\text{IC}(c2)} \quad (3.21)$$

Avec :
    IC : contenu d'information
    Lcs : subsumer

6.2.4. Mesure de Wu et Palmer

Wu et Palmer [Wu, 94] ont proposé une autre mesure de similarité prenant en compte à la fois la profondeur des concepts dans la hiérarchie de concepts et la structure de la hiérarchie de concepts, la formule suivante est utilisée :

$$\text{Sim}(c1, c2) = \frac{2*\text{depth}(c)}{\text{depth}(c1)+\text{depth}(c2)} \quad (3.22)$$

Où :
    depth(c_i) : correspond au niveau de profondeur du concept c_i
    c : représente le concept le plus spécifique qui généralise c1 et c2.

La valeur de la similarité est comprise entre 0 et 1 (1 signifiant que les concepts sont totalement similaires).

7. CONCLUSION

Nous avons présenté dans ce chapitre les fondements théoriques ainsi que les principaux mécanismes pour l'évaluation des SRI. Cette évaluation revient à comparer les réponses réelles du système aux réponses idéales qui doivent être restituées en réponse à la requête. La plupart des protocoles proposés pour évaluer les performances des systèmes de recherche d'information sont basés sur une collection de tests contenant un corpus de document, de requêtes et de jugements de pertinence requête-document et des métriques pour le calcul.

Malgré que les protocoles soient réutilisés dans des campagnes de références dans l'évaluation des systèmes de recherche comme TREC et CLEF, ces protocoles rencontrent certaines limites notamment au sujet de la prise en compte de l'usager, de la constitution des corpus et des requêtes mais également de l'évaluation elle-même. Il n'existe donc pas aujourd'hui une technique qui serait la plus appropriée pour l'évaluation des SRI, mais une combinaison de toutes les techniques possibles semble nécessaire si l'on veut obtenir une évaluation qui soit la plus juste possible.

Une partie de cette thèse sera consacrée à l'amélioration de l'évaluation des SRI. Le point de départ vient de l'idée que les réponses du système pour une même requête de deux utilisateurs dans deux cas différents, ne doivent pas être jugées de la même façon. Il faut donc comprendre le besoin exprimé par l'utilisateur en tenant compte la sémantique portée par les termes de la requête d'une part, et le contexte dans lequel ces requêtes ont été posées d'une autre part. Cela fera l'objet de nos deux contributions qui seront présentées dans le cinquième chapitre.

Partie 2
CONTRIBUTIONS

Chapitre 4

Contributions pour l'amélioration de la recherche d'information par la prise en compte du contexte et de la sémantique

Chapitre 4

Contributions pour l'Amélioration de la Recherche d'Information par la Prise en Compte du Contexte et de la Sémantique

1. Introduction	89
2. Prise en compte du contexte via les profils utilisateur dans les SRI sur le web	90
2.1. Approches classiques pour la reformulation des requêtes	90
2.2. Paramètres du système en termes de l'utilisation du profil	92
2.3. Présentation de l'architecture proposée	93
2.3.1. Module pour la capture du contexte statique	94
2.3.2. Module pour la capture du contexte dynamique	94
2.3.3. Module de reformulation	95
2.3.4. Module de recherche	95
2.3.5. Architecture générale	96
2.4. PRESY : Un outil pour la reformulation contextuelle des requêtes dans les SRI	97
2.4.1. Description générale	98
2.4.2. Mécanisme pour la capture du contexte dynamique	98
2.4.3. Reformulation de la requête utilisateur	99
2.5. Conclusion	99
3. Prise en compte de la sémantique via les ontologies dans les SRI	100
3.1. Les ontologies, un besoin certain en RI	100
3.2. Paramètre de l'approche en termes d'utilisation de l'ontologie	101
3.2.1 La source de concepts	102
3.2.2. La méthode de sélection de concepts	102
3.2.3. Le rôle de l'utilisateur	102
3.3. Construction de l'ontologie 'AnimOnto'	102
3.4. Architecture du système	104
3.4.1. Processus d'indexation	105
3.4.2. Processus de reformulation	106
3.4.3. Processus de recherche	107
3.5. AnimSe Finder : un outil de recherche sémantique guidée par ontologie	110
3.5.1. Techniques et outils utilisés pour le développement de l'application	110
3.5.2. Présentation de l'outil 'AnimSe Finder'	111
3.6. Conclusion	113
4. Conclusion	113

1. INTRODUCTION

Les SRI sont des outils informatiques qui ont pour but la mise en relation des informations contenues dans le corpus documentaire d'une part, et les besoins de l'utilisateur d'autre part. Le défit est de pouvoir retourner le maximum de documents pertinents tout en limitant le bruit et le silence documentaire, c'est-à-dire de ne pas restituer des documents qui ne répondent pas au besoin, et en même temps restituer le maximum de documents pertinents.

Dans ce chapitre nous présentons deux contributions traduisant deux points de vue relatifs à l'amélioration des systèmes de recherche d'information :

La première contribution [Bouramoul, 10], s'inscrit dans le domaine de la recherche contextuelle d'information sur le web et propose une nouvelle approche basée sur les profils utilisateurs pour la reformulation des requêtes. Cette approche utilise un mécanisme progressif pour catégoriser les utilisateurs en construisant une base d'éléments contextuelle. Cette dernière est composée de deux types de contexte (statique et dynamique) servant à la reformulation de la requête initiale afin de produire une nouvelle requête qui reflète au mieux le besoin de l'utilisateur. L'approche proposée est supportée par l'outil 'PRESY' (***Pr****ofile-based **Re**formulation **Sy**stem*) que nous avons développé pour valider notre proposition.

La deuxième contribution [Bouramoul, 11-b], propose une nouvelle approche de localisation et récupération des documents où la recherche est guidée par l'ontologie de domaine 'AnimOnto' développée pour cet effet. L'approche que nous proposons utilise l'ontologie à deux stades différents : d'abord, pour l'indexation sémantique des documents, Dans cette étape, les concepts représentatifs d'un document sont sélectionnés par une projection de l'ontologie sur le document en attachant les termes qu'il contient aux concepts de l'ontologie 'AnimOnto'. Puis lors de la reformulation sémantique par expansion de requête, Dans cette étape nous exploitons les liens sémantiques entre les concepts pour élargir la requête. Pour valider ces propositions, nous avons mis en place l'outil 'AnimSe Finder' (***Anim****al **Se**mantic **Finder***) dans lequel les différentes phases de l'approche proposée ont été implémentées.

Ce chapitre est organisé en deux grandes parties reflétant les deux contributions : dans la première partie nous présentons notre contribution relative à la prise en compte du contexte via les profils utilisateur dans les SRI sur le web. A cet effet nous commençons par une synthèse des différentes approches pour la reformulation de requêtes, nous présentons par la suite l'approche de reformulation contextuelle que nous proposons en décrivant respectivement l'architecture proposée et le prototype développé. La deuxième partie du chapitre est consacrée à notre contribution relative à la prise en compte de la sémantique via les ontologies dans les SRI, à cet effet, nous présentons une synthèse de l'utilisation des ontologies dans le domaine de la RI. Nous décrivons par la suite les choix que nous avons adopté pour choisir les paramètres du système à développer, nous présentons également l'architecture de l'outil que nous proposons et une description de son implémentation.

2. PRISE EN COMPTE DU CONTEXTE VIA LES PROFILS UTILISATEUR DANS LES SRI SUR LE WEB

Afin d'améliorer les performances des SRI, le domaine de la RI contextuelle est apparu récemment comme une priorité, son objectif est de replacer l'utilisateur au cœur des modèles en rendant explicites certains éléments du contexte qui peuvent influencer les performances des systèmes.

Les utilisateurs d'un outil de recherche d'information ne sont pas des professionnels de la documentation, ils ne savent pas généralement choisir les bons termes qui expriment le mieux leurs besoins d'information. Partant de ce principe, la reformulation de la requête est devenue un besoin essentiel. Elle consiste à modifier la requête initiale de l'utilisateur en lui rajoutant des termes significatifs afin de retourner un résultat plus pertinent que celui rendus par une requête non reformulée.

Dans ce contexte, nous proposons une approche de reformulation contextuelle des requêtes utilisateurs, cette reformulation est qualifiée de contextuelle car elle prend en compte la notion du contexte via les profils utilisateurs pour modifier leur requête initiale. Le but est d'augmenter la sélectivité des outils de RI en améliorant leur pertinence. Dans notre proposition, cela est réalisé en considérant les caractéristiques personnelles de l'utilisateur, ses intérêts, ses préférences et l'historique de ses interactions avec le système de recherche. L'ensemble de ces éléments est capitalisé dans notre approche sous forme de contexte statique et de contexte dynamique pour être utiliser par la suite dans la reformulation contextuelle.

2.1. Approches classiques pour la reformulation des requêtes

L'utilisateur est souvent incapable de formuler son besoin exact en information. Par conséquent, parmi les documents qui lui sont retournés, certains l'intéressent moins que d'autres. Compte tenu des volumes croissants des bases d'information, retrouver celles qui sont pertinentes en utilisant seulement la requête initiale de l'utilisateur est une tâche quasi impossible.

La reformulation de la requête consiste donc à modifier la requête de l'utilisateur par ajout de termes significatifs, cette idée d'affinement de requêtes n'est pas nouvelle.

Plusieurs approches utilisent différentes techniques pour sélectionner les termes à rajouter à une requête. Nous distinguons trois types d'approches pour la reformulation de requête, la différence entre ces approches réside, soit dans la source des termes utilisés dans la reformulation qui peuvent provenir des résultats de recherches précédentes (réinjection de pertinence) ou d'une ressource terminologique (réseau sémantique, thesaurus ou ontologie), soit dans le mécanisme qui permet de sélectionner les termes à ajouter à la requête initiale (probabiliste ou lien sémantique).

Un premier type d'approches repose sur l'analyse globale de la collection de documents considérée, la plus répandue d'entre elles est basée sur des analyses statistiques de corpus de documents [Cui, 02]. L'objectif est de relever la fréquence des termes apparaissant conjointement sur un même document et de sélectionner les termes avec le plus grand coefficient. Les informations ainsi extraites sont généralement utilisées pour reformuler automatiquement une requête par ajout des termes liés aux termes initialement présents dans la requête. Les termes ainsi ajoutés sont issus des documents et permettent donc une meilleure adéquation entre le besoin d'information et la collection.

Un deuxième type d'approches basé sur le principe de réinjection de pertinence vise également à reformuler une requête initiale pour qu'elle corresponde mieux au contenu de la collection. Le principe est le suivant : l'utilisateur soumet sa requête initiale, le système restitue un premier ensemble de documents que l'utilisateur doit juger (pertinent, non pertinent). La connaissance de la pertinence des documents initialement restitués est utilisée pour sélectionner des termes à ajouter à la requête initiale. Nous citons dans cette catégorie les travaux de [Lin, 2006] dans lesquels le système propose, suite à une requête, un ensemble de documents et selon ceux visualisés par l'utilisateur, le système met à jour son index de termes concordants par des méthodes d'apprentissage automatique.

Le dernier type d'approches figurant dans la littérature utilise des ressources terminologiques telles que des ontologies ou des thésaurus contenant le vocabulaire servant à l'enrichissement des requêtes. Les approches de ce type utilisent des ontologies avec des relations d'équivalence et de subsomption [Navigli, 03] afin d'extraire les termes à rajouter à la requête initiale.

L'approche de reformulation que nous proposons offre un double avantage par rapport aux approches présentées précédemment. D'une part, et contrairement aux deux premières classes d'approches, elle est utilisable directement sans phase d'analyse ou d'apprentissage ; d'une autre part elle n'est pas contrainte du problème présent dans la troisième classe d'approche, cette dernière n'utilise que les relations d'équivalence et de subsomption et n'exploite pas toutes les relations sémantiques offertes par une ontologie.

2.1. Paramètres du système en termes de l'utilisation du profil

Dans le chapitre 2, nous avons dressé une étude comparative des fondements nécessaires à la définition de notre proposition, à savoir, la reformulation, le contexte et l'utilisation des profils dans les systèmes de recherche d'information. Cette étude nous a permis de catégoriser séparément les caractéristiques de ces éléments et de cerner les limites de chaque catégorie. Nous présentons dans cette section les différents paramètres caractérisant notre proposition et nous éclairons nos choix par rapport aux approches étudiées précédemment.

Notre choix s'est fixé sur l'utilisation du contexte pour la reformulation de la requête utilisateur. Nous avons présenté dans la section 3 du chapitre 2, les différentes classes du profil et les particularités relatives à chaque classe. En se basant sur cette classification des profils, le tableau 4.1 présente les paramètres caractérisant notre système en termes de profil utilisateur.

Type de paramètre	*Valeur possible*	*Valeur choisie*
Selon l'implication de l'utilisateur	Directe	+
	Indirecte	
Selon le moment de la reformulation	Pré-recherche	+
	Post-recherche	
Selon le degré de complexité	Étendu	+
	Simple	
Selon la nature d'information	Profil d'identification	+
	Profil d'interrogation	+

Tableau 4.1 – *Paramètres du système en terme de l'utilisation du profil.*

Ce tableau présente les choix que nous avons adoptés pour les profils utilisateurs, et donc la manière selon laquelle le contexte est utilisé pour aider à la reformulation des requêtes, ces choix s'interprètent comme suit :
- *Implication de l'utilisateur :* l'utilisateur intervient en partie dans la définition de son profil, l'implication est donc directe. A la fin de chaque session de recherche, le système récupère automatiquement des informations qu'on suppose pertinentes pour enrichir le contexte et les proposent à l'utilisateur. Ce dernier valide par la suite celles qu'il juge réellement pertinentes parmi l'ensemble de propositions.

- *Moment de la reformulation :* dans notre cas, il s'agit d'un profil pré-recherche, le système reformule le besoin de l'utilisateur en affinant l'expression de sa requête en fonction de son contexte.
- *Degré de complexité :* le profil est étendu, il inclut, en plus des mots-clés, une série d'information qui décrivent le contexte de la recherche, ces informations sont stockées dans la base des contextes sous la forme de couples « attributs-valeurs » où chaque couple représente une propriété du profil.
- *Nature d'information :* nous utilisons à la fois et d'une façon complémentaire, un profil d'identification et un profil d'interrogation. Le premier sert à identifier un utilisateur à travers une série d'informations définies à la première connexion au système. Le deuxième est issu de l'historique des recherches faites par le même utilisateur dans des sessions antérieures, donc son contenu se développe à chaque fois que l'utilisateur procède à une nouvelle recherche.

Synthèse

Pour rendre l'utilisation des profils utile pour la reformulation contextuelle des requêtes et utilisable dans un système de recherche d'information, nous regroupons nos choix en terme de l'utilisation du profil pour modéliser le contexte en deux grandes classes :

1. **Contexte statique :** il prend les caractéristiques d'un profil d'identification étendu qui sera capturé dans une étape de pré-recherche et qui se caractérise par une implication directe de l'utilisateur
2. **Contexte dynamique :** Il constitue l'élément principal de notre proposition, il regroupe les caractéristiques d'un profil d'interrogation étendu qui est utilisé dans une étape pré-recherche et qui nécessite une implication directe de l'utilisateur

2.3. Présentation de l'architecture proposée

Notre proposition s'articule autour de quatre modules pour permettre la reformulation contextuelle de la requête utilisateur en se basant sur son profil. Il s'agit dans un premier temps de capturer les deux types de contexte nécessaires à la catégorisation de l'utilisateur (contexte statique et dynamique), puis de les utilisés par le module de reformulation pour générer une nouvelle requête à partir de la requête initiale. Enfin le module de recherche prend en charge la délivrance du résultat qui se rapproche le mieux aux besoins de l'utilisateur. Nous décrivons dans ce qui suit chacun de ces modules en donnant ses différents composants et son principe de fonctionnement. Le regroupement de ces quatre modules nous a permis par la suite de définir notre architecture pour la reformulation des requêtes à base de profils.

2.3.1. Module pour la capture du contexte statique

Cette première composante du contexte sert à identifier un utilisateur à travers une série d'informations afin de le catégoriser. Le contexte statique est défini à la première connexion au système, à cet effet nous avons défini quatre catégories d'informations relatives au contexte statique, ces informations se résument en :

- *Les paramètres de connexion* : e-mail, mot de passe.
- *Les caractéristiques personnelles* : nom, prénom, pays, langue ...
- *Les intérêts et préférences* : domaine, domaine secondaire, spécialité...
- *Les compétences et niveau du savoir-faire* : profession, niveau d'étude...

La figure 4.1 présente les éléments du contexte statique, et la manière selon laquelle les informations composant ce type de contexte sont capturées.

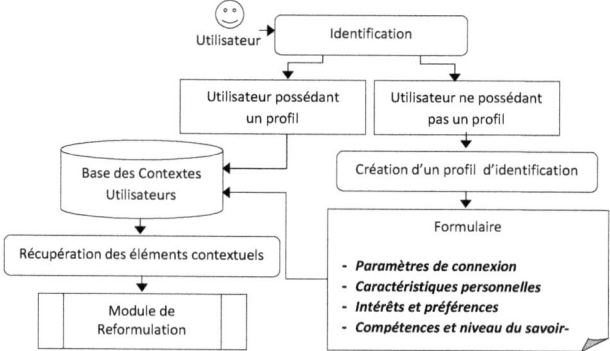

Figure 4.1 – *Module pour la récupération du contexte statique.*

2.3.2. Module pour la capture du contexte dynamique

Dans le but d'optimiser la réutilisation des profils et faciliter leur compréhension, cette deuxième composante du contexte consiste en l'association de la recherche au contexte de l'utilisateur. A la fin de chaque session de recherche le module de capture du contexte dynamique procède à l'extraction automatique d'un ensemble d'éléments relatifs au contexte de l'utilisateur, il les organise sous forme de compte (attribut, valeur) et les propose à l'utilisateur. Ce dernier valide par la suite ceux qu'il juge réellement pertinents. Ces informations seront enfin stockées dans la base des contextes utilisateurs. La figure 4.2 présente la manière selon laquelle les éléments du contexte dynamique sont capturés.

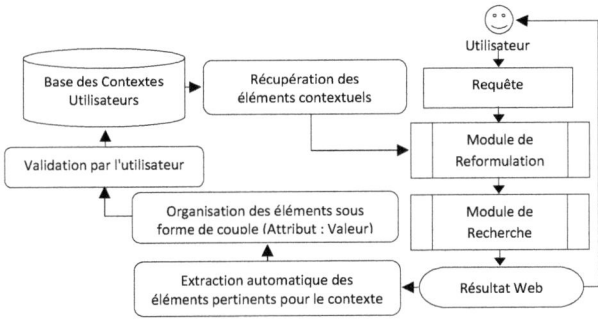

Figure 4.2 – *Module pour la récupération du contexte dynamique*

2.3.3 Module de reformulation

Le module de reformulation a pour objectif de produire une nouvelle requête à partir de la requête initialement formulée par l'utilisateur et cela en rajoutant des termes issus de son contexte de recherche actuelle. Dans un premier temps l'utilisateur formule sa requête en utilisant ses propres termes, par la suite le système procède à l'extraction de l'ensemble des termes à rajouter afin de produire une nouvelle requête, ces termes sont extraits de la base des contextes utilisateurs. Une fois la requête reformulée elle sera envoyée au module de recherche qui prend en charge la délivrance des résultats à l'utilisateur. La figure 4.3 présente le processus de reformulation de la requête à base du contexte utilisateur.

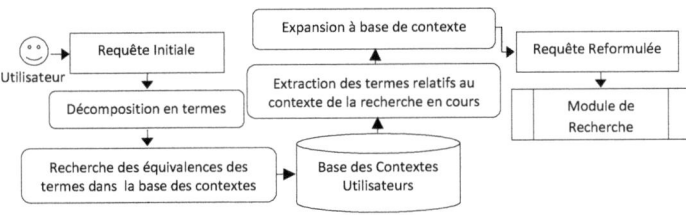

Figure 4.3 – *Module de reformulation contextuelle des requêtes*

2.3.4. Module de recherche

Notre système offre une recherche ouverte sur internet. L'utilisateur exprime son besoin en information sous forme de requête, et le module de reformulation procède par la suite à son expansion en rajoutant des termes issus du contexte utilisateur et renvoie la requête au module de recherche. Ce dernier prend en entrée la requête reformulée et offre à l'utilisateur la possibilité de choisir l'un des trois moteurs de recherche que le système propose (Google, Yahoo, Bing), le résultat obtenu est enfin communiqué à l'utilisateur. La figure 4.4 montre le principe de fonctionnement du module de recherche.

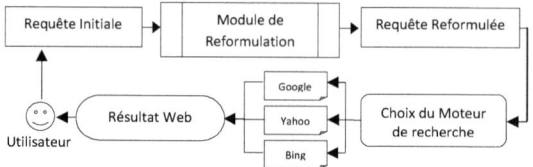

Figure 4.4 – *Module de Recherche*

2.3.5. Architecture Générale

La composition des quatre modules décrits précédemment nous a permis de définir l'architecture générale de notre système. Nous signalons que le fonctionnement des quatre modules est étroitement lié dans le sens où les sorties de chaque module sont les entrées du module suivant. La figure 4.5 présente l'architecture générale de notre système pour la reformulation contextuelle des requêtes utilisateur.

Avant de lancer sa requête, l'utilisateur s'identifie dans le système qui procède alors à la récupération de son Contexte Statique, il s'agit de ses caractéristiques personnelles pouvant influencer le contexte de recherche. Ces renseignements ont été enregistrés dans la Base des Contextes Utilisateurs lors de la première connexion au système. Dans le cas d'un utilisateur qui ne possède pas un profil, le système lui demande de remplir ses préférences et la Base des Contextes Utilisateurs sera mise à jour pour une éventuelle utilisation dans des prochaines sessions de recherche.

Une fois le Contexte Statique récupéré, l'utilisateur peut alors formuler sa requête et le système procède à la reformulation contextuelle. Il se charge de générer la nouvelle requête en sélectionnant les termes relatifs au contexte de la recherche en cours, cette sélection est faite à partir de la Base des Contextes Utilisateurs. Les deux types de contextes (Statique et Dynamique), contribuent donc mutuellement à l'opération de reformulation. Par la suite le système lance une recherche ouverte sur le Web en utilisant la requête reformulée et en appelant selon le choix de l'utilisateur l'un des trois moteurs de recherche qu'il propose (Google, Yahoo ou Bing). Le résultat de la recherche est enfin retourné à l'utilisateur. Il sera stocké également dans l'historique des recherches pour être utilisé par la suite dans la capture du Contexte Dynamique.

A la fin de chaque session de recherche et en se basant sur l'historique des recherches faites, le système récupère automatiquement des informations (Eléments Contextuels) qu'il suppose pertinentes pour enrichir le Contexte Dynamique. Il les propose à l'utilisateur qui valide par la suite celles qu'il juge réellement pertinentes parmi l'ensemble de propositions.

Chapitre 04 :   Contributions pour l'Amélioration de la RI par la Prise en Compte du Contexte et de la Sémantique

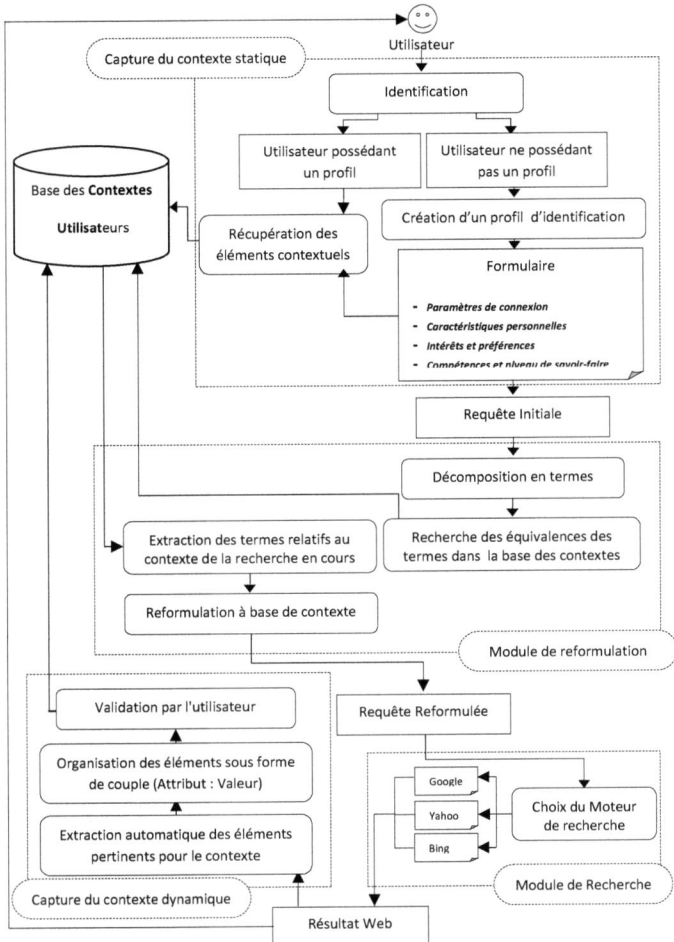

Figure 4.5 – *Architecture générale d'un système pour la reformulation contextuelle des requêtes*

2.4. PRESY : Un outil pour la reformulation contextuelle des requêtes

Afin de montrer l'applicabilité de l'architecture proposée, nous avons mis en place l'outil PRESY (***P**rofile-based **Re**formulation **Sy**stem*), il s'agit d'un prototype d'un système pour la reformulation contextuelle des requêtes. L'application communique avec une base de données pour stocker les éléments contextuels. Cette base de données contient deux tables, la première sert à garder les préférences de l'utilisateur (contexte statique) ainsi que les éléments contextuels (contexte dynamique), la deuxième table contient les historiques des recherches servant à la capture du contexte dynamique.

2.4.1. Description générale

Le système affiche deux résultats, un premier sans reformulation (Figure 4.6, Zone A) et un deuxième avec reformulation (Figure 4.6, Zone B). Le but est de pouvoir comparer les scores de pertinence en termes de nombre de pages retournées dans les deux situations, nous signalons que ces scores sont calculés par le moteur de recherche choisi. L'application offre également la possibilité de choisir le moteur de recherche souhaité (Figure 4.6, Zone C) et affiche un score de pertinence en termes de nombre de pages retournées (Figure 4.6, Zone D). Enfin le système capture et propose à l'utilisateur un ensemble d'éléments contextuels relatifs à la session de recherche en cours pour enrichir son contexte dynamique (Figure 4.6, Zone E). La figure 4.6 présente la fenêtre principale de l'outil PRESY.

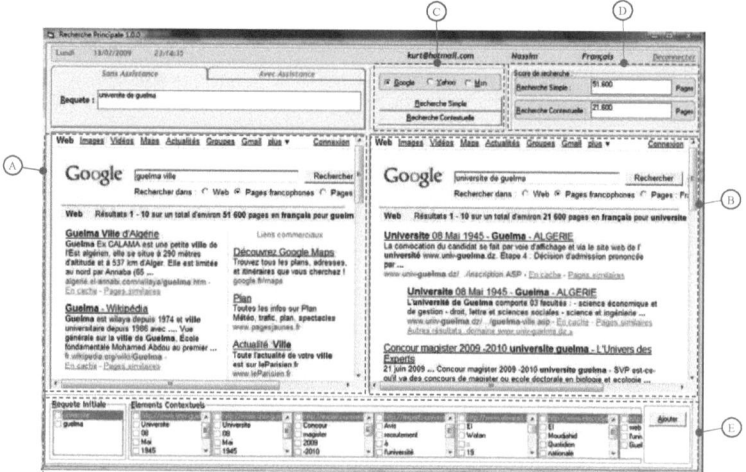

Figure 4.6 – *Fenêtre principale de l'application*

2.4.2. Mécanisme pour la capture du contexte dynamique

Pour la récupération du contexte dynamique, le système analyse automatiquement le contenu de la page web résultante et procède aux traitements suivants :

- Récupère le titre de chaque résultat et le segment en un ensemble de mots
- Elimine les mots vides qui ne sont pas utiles en utilisant un anti-dictionnaire
- Propose les mots obtenus qui sont supposés pertinents pour le contexte de l'utilisateur.
- Finalement l'utilisateur valide les termes jugés réellement pertinents. Ils seront donc rajoutés à son contexte dynamique.

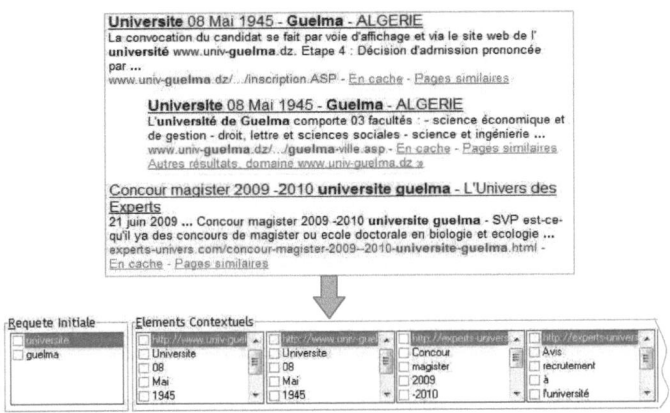

Figure 4.7 – *Mécanisme pour la récupération des éléments contextuels.*

2.4.3. Reformulation de la requête utilisateur

Pour assurer la reformulation de la requête initiale, le module de reformulation récupère la saisie de l'utilisateur, il la compare avec le contenu de sa base de contexte et il propose à l'utilisateur des possibilités de reformulation selon le contexte de la recherche en cours. Le système propose également un autre type de reformulation sans intervention de l'utilisateur dans lequel la requête est reformulée après la fin de sa saisie.

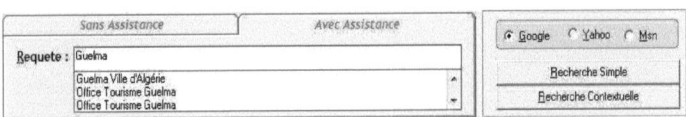

Figure 4.8 – *Mécanisme de reformulation de la requête utilisateur*

2.5. Conclusion

Dans cette première contribution, nous avons proposé une approche pour la reformulation de la requête basée sur le contexte de l'utilisateur. Cette proposition s'articule principalement autour de quatre modules afin de permettre la récupération des deux types de contexte (statique et dynamique) permettant la catégorisation de chaque utilisateur, puis leurs utilisations dans la reformulation de la requête initiale. L'outil PRESY que nous avons implémenté démontre l'applicabilité de l'architecture proposée et montre que le résultat obtenu avec une requête reformulée est plus pertinent que celui rendu en utilisant une requête sans reformulation.

3. PRISE EN COMPTE DE LA SEMANTIQUE VIA LES ONTOLOGIES DANS LES SRI

Un des enjeux actuels des systèmes de recherche d'information est de développer des outils capables d'intégrer plus de sémantique dans leurs traitements. L'objectif est double : 'comprendre' les contenus des documents et 'comprendre' le besoin de l'utilisateur pour pouvoir les mettre en relation. Il est possible, selon [Simonnot, 06], de regrouper les connaissances prises en compte dans un SRI en trois classes principales:

1. Les connaissances sur les utilisateurs (profils ou modèles utilisateurs).
2. Les connaissances sur les documents (index).
3. Les connaissances sur les concepts du domaine de l'application.

Le premier point a été déjà exploré dans notre contribution [Bouramoul, 10], il a fait l'objet de la première partie de ce chapitre. Où nous avons proposé un système pour la prise en compte du contexte utilisateur via son profil pour la reformulation de la requête. Les résultats obtenus en utilisant cette technique ont été trop probants dans le sens ou les documents retournés d'une reformulation contextuelle ont été mieux pertinents que ceux obtenus avec la requête initiale. D'une autre part la satisfaction des utilisateurs qui ont participé à l'expérimentation, qui sera présentée dans le chapitre 6, était remarquablement meilleure.

Une perspective de notre précédente contribution était de pouvoir utiliser les deux autres aspects décrits par Simonnot, à savoir les connaissances sur les documents et les concepts du domaine d'application comme référence pour reformuler les requêtes utilisateurs. Dans cette deuxième partie du chapitre, nous concrétisons cette idée par l'utilisation d'une ressource externe (une ontologie de domaine) pour améliorer la pertinence des SRI, cette même ontologie sera également utilisée pour constituer les index et décrire le contenu des documents. Notre travail s'inscrit donc dans le domaine de la prise en compte de la sémantique via les ontologies dans les SRI, et plus particulièrement celui de l'utilisation d'une ontologie de domaine pour indexer les documents et reformuler les requêtes des utilisateurs en exploitant les relations entre concepts. Cette idée n'est pas nouvelle, mais la valeur de notre contribution réside dans sa complétude. Ce travail couvre, en totale autonomie, le processus de recherche depuis la création de l'ontologie, passant par la mise en place de l'architecture du système et son implémentation et enfin la validation des résultats obtenus.

3.1. Les ontologies, un besoin certain en RI

Plusieurs définitions de l'ontologie ont vu le jour dans ces vingt dernières années, mais la définition la plus référencée et aussi la plus synthétique est sans doute celle donnée par Gruber : « *Une ontologie est une spécification explicite d'une conceptualisation* » [Gruber, 93]. Partant de cette définition, les ontologies sont utilisées dans le domaine de la RI pour représenter des descriptions partagées et plus ou moins formelles de domaine pour rajouter une couche sémantique aux SRI.

C'est donc naturellement que des travaux sur l'intégration des ontologies dans les SRI se développent. Une première solution vise à construire une ontologie à partir des corpus sur lesquels les tâches de RI vont être réalisées [Saias, 03] et [Ok Koo, 03]. Une seconde solution est la réutilisation de ressources existantes. Dans ce cas là, les ontologies sont généralement choisies uniquement à partir du domaine de connaissance qu'elles abordent [Vallet, 05] et [Baziz, 05].

D'une manière générale, la connaissance que représente une ontologie peut être utilisée à trois différents niveaux dans le processus de RI. Elle peut aider à l'indexation des documents, alors appelée indexation sémantique. Elle peut également aider à la formulation du besoin de l'utilisateur et à l'accès aux documents. Enfin, l'ontologie peut être utilisée dans le modèle lui-même pour réaliser l'appariement entre le besoin et les granules documentaires.

Dans notre cas nous utilisons une ontologie de domaine dans les processus d'indexation et de reformulation des requêtes afin d'interroger une base documentaire via l'outil '*AnimeSe Finder*' que nous proposons. L'idée est de faire passer la requête utilisateur par le réseau conceptuel de l'ontologie '*AnimOnto*' développée à cet effet pour l'enrichir avec de nouveaux termes issus du vocabulaire de cette ontologie. L'intérêt est double :

- *Augmenter le rappel*: par l'expansion de la requête en tenant compte les termes qui ne sont pas présents dans sa forme initiale. Cela peut être fait par l'ajout des synonymes issus de l'ontologie (concepts reliés) aux termes de la requête qui sont en lien avec le domaine choisi (celui des animaux)
- *Augmenter la précision*: grâce à l'indexation sémantique des documents par des concepts issus de l'ontologie au lieu de termes ambigus, cela peut être fait par une extraction des termes guidée par l'ontologie de domaine choisie, puis une pondération des concepts en utilisant les relations entre eux.

3.2. Paramètre de l'approche en termes d'utilisation de l'ontologie

Afin de définir les paramètres de notre proposition, nous avons adopté un ensemble de choix sur lesquels se base l'architecture de l'outil 'AminSe Finder'. Ces paramètres concernent les éléments suivants :

3.2.1 La source de concepts

Pour récupérer les termes qui seront rajoutés à la requête initiale, nous utilisons comme source de concept l'ontologie 'AnimOnto' que nous avons développé. Il s'agit d'une ontologie de domaine relative au monde des animaux crée sous Protégé 2000. Il permet de produire deux formats de code pour la description d'une ontologie (OWL et XML), dans notre cas et pour des raisons d'implémentation nous avons opté pour le format XML. Le code XML décrivant les caractéristiques de l'ontologie 'AnimOnto' est utilisé par la suite comme entrée pour le module de reformulation.

3.2.2. La méthode de sélection de concepts

Les concepts sont récupérés à partir de l'ontologie de la manière suivant : si le concept (C1) est présent comme terme dans la requête initiale, il sera expansé par le concept (C2) récupéré à partir de l'ontologie 'AnimOnto'. Le choix du concept (C2) est fait suite à un parcours du fichier XML décrivant l'ontologie. Enfin l'élargissement des concepts est basé sur la présence d'un lien sémantique entre (C1) et (C2) (synonyme ou concept plus général).

3.2.3. Le rôle de l'utilisateur

Nous avons opté pour une reformulation automatique de la requête, le rôle de l'utilisateur est donc passif. Ce dernier n'intervient pas dans le processus de reformulation et c'est le système qui prend en charge la totalité de l'opération. L'idée est d'augmenter les poids des termes présents dans les documents jugés pertinents et inversement pour diminuer les poids des termes jugés non pertinents.

3.3. Construction de l'ontologie *AnimOnto*

Bien qu'aucune méthodologie générale n'ait pour l'instant réussie à s'imposer, de nombreux principes et critères de construction d'ontologies ont été proposés. Ces méthodologies portent généralement sur l'ensemble du processus guidant les étapes de la construction. C'est le cas de la méthode Kactus (modelling Knowledge About Complex Technical systems for multiple USe) de Schreiber [Schreiber, 95]. Nous faisons appel à cette méthode pour construire l'ontologie de domaine qui servira comme source de termes à utiliser lors de la reformulation.

Partant de l'idée que notre objectif n'est pas la construction de l'ontologie en elle-même, mais plutôt son utilisation pour guider la reformulation de la requête et l'indexation des documents afin de valider ainsi notre proposition. Le choix de cette méthode est donc justifier par deux raisons : d'une part, par le fait que son utilisation n'est pas coûteuse, et contrairement à d'autres méthodes, elle ne nécessite pas une collaboration qui réunit des experts du domaine, des ingénieurs, voire les futurs utilisateurs de l'ontologie. Et d'autre part, elle est adaptée à la mise en place d'ontologies de petite taille qui servent généralement à des fins de tests ou de validations.

La méthode de Kactus s'articule autour de trois étapes principales, à savoir :

1. Spécification de l'ontologie en se basant sur le domaine choisi, il s'agit en particulier de déterminer les termes à collecter et les tâches à effectuer en utilisant cette ontologie.

2. Organisation des termes en utilisant les méta-catégories : concepts, termes, relations, attributs, etc.

3. Affinement de l'ontologie en la structurant selon des principes de modularisation et d'organisation hiérarchiques.

3.3.1. Etape1 : Spécification du domaine

L'ontologie 'AminOnto' sera construite dans le but de fournir un vocabulaire conceptuel, qui permet l'annotation des documents du monde des animaux, cette ontologie servira de base par la suite pour fournir l'ensemble de terme à utiliser lors de la reformulation.

Le choix du monde des animaux est justifié par la disponibilité des données pour construire l'ontologie d'une part, et d'autre part la possibilité de construire une base documentaire extensible dont les termes sont sémantiquement liés aux concepts de l'ontologie. Nous signalons dans ce contexte que notre système est ouvert dans le sens où nous pouvons l'utiliser pour la recherche d'information dans une autre base documentaire dont le contenu est relatif à un autre domaine.

3.3.2 Etape 2 et 3 : De la collecte des termes à l'affinement de l'ontologie

Nous ne pouvons pratiquement pas dissocier les étapes de construction d'une ontologie, car il s'agit d'un processus non linéaire. Plusieurs allers-retours ont été faits lors du développement de l'ontologie 'AminOnto' pour les raisons suivantes :

- Il n'était pas possible de savoir dés le départ, que les termes collectés sont suffisants pour répondre à l'objectif pour lequel l'ontologie a été construite. Nous avons ajouté des nouveaux termes lorsque c'était nécessaire, tout de même nous avons retiré des termes que nous avons jugés inutiles.
- Il n'était pas toujours facile de prédire qu'un terme va jouer le rôle d'une classe ou celui d'un attribut, plusieurs modifications ont été effectuées dans ce sens.

Pour représenter l'ontologie conceptuelle réalisée, nous avons construit :

- Une liste de concepts : un concept est tout ce qui peut être évoqué par exemple : chat
- Une liste de relations : les relations représentent un type d'interaction entre les notions d'un domaine évoqué, par exemple : la relation *is a*, la relation vivre...etc.
- Une représentation hiérarchique des concepts.

La figure 4.9, présente une partie de l'ontologie 'AminOnto' que nous avons crée.

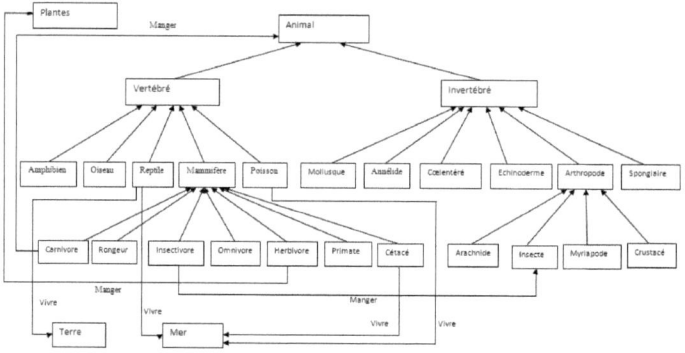

Figure 4.9 – *Une partie de l'ontologie 'AminOnto' utilisée par l'outil 'AnimSe Finder'*

3.4. Architecture du système

'*Animal Semantic Finder*' est un outil permettant d'effectuer une recherche sémantique d'information dans une base documentaire dont le contenu est lié au monde des animaux. La sémantique est prise en compte via l'ontologie de domaine 'AnimOnto' servant à choisir les termes qui seront utilisés pour la reformulation de la requête initiale. En plus de la recherche guidée par ontologie, notre système permet d'effectuer une recherche classique en utilisant la requête telle qu'elle a été formulée par l'utilisateur. Le but est de pouvoir comparer les résultats rendus dans les deux cas, et mesure ainsi l'apport de la prise en compte de la sémantique via les ontologies dans le processus de recherche d'information.

Les différents modules composant notre système communiquent par envoi de messages. Un message peut être une requête utilisateur, une requête reformulée par le système, un concept de l'ontologie ou un document. Dans ce contexte et afin d'assurer une meilleure structuration de ses modules, l'outil '*AnimSe Finder*' est fondé sur trois processus complémentaires : *processus d'indexation, processus de reformulation et processus de recherche.* Nous présentons dans ce qui suit chacun de ces processus et nous donnons les différents éléments qu'il le compose ainsi que la manière selon laquelle il fonctionne.

3.4.1. Processus d'indexation

L'utilisation directe de la base documentaire lors d'une recherche est une opération fastidieuse qui prend un temps considérable selon le nombre de documents la composant et le volume de chaque document. C'est pour cette raison qu'un traitement spécifique pour identifier les éléments pertinents à utiliser par le module de recherche est nécessaire, c'est l'opération d'indexation.

Deux types d'indexations ont été considérés, l'indexation sémantique guidée par l'ontologie 'AnimOnto', et l'indexation classique qui consiste à construire un ensemble de termes permettant de caractériser le contenu d'un document. Dans cette dernière, la pondération est faite avant la création des index en calculant la fréquence d'apparition de chaque terme dans le document considéré. L'indexation classique sert par la suite à la comparaison de la pertinence des résultats par rapport à l'indexation sémantique. Une étape commune aux deux types d'indexations consiste à nettoyer le document, cela peut être fait en éliminant les mots ayant un contenu informationnel vide via l'utilisation d'un anti-dictionnaire. Ces mots vides apparaissent dans la plupart des documents et ne sont pas discriminants. Ils peuvent être des articles, des prépositions, des conjonctions voire même des verbes.

Le processus d'indexation sémantique vise à construire un ensemble de termes représentant le contenu informationnel de chaque document, ces mots clés sont issus des concepts de l'ontologie. Le processus d'indexation se compose de deux étapes : une première étape d'extraction, elle prend en charge la récupération des concepts à partir de l'ontologie 'AnimOnto', puis elle procède à une projection de ces concepts aux différents documents de la base documentaire. Une seconde étape s'occupe de la pondération des concepts, elle consiste à affecter à chaque concept un poids représentant sa fréquence d'apparition dans le document.

Une fois la pondération terminée, le module d'indexation transmet l'ensemble de triplet (concept, poids, emplacement de document) associé à chaque document au module de stockage. Ce dernier mis à jour la base des index pour une éventuelle utilisation lors des prochaines sessions de recherche. La figure 4.10 présente le principe de fonctionnement du processus d'indexation et illustre l'interaction entre ses différents éléments.

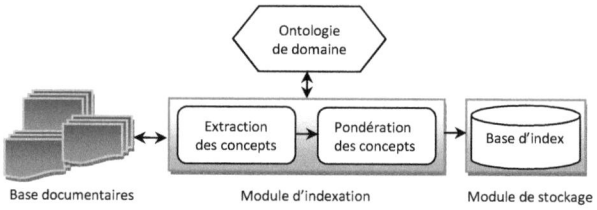

Figure 4.10 – *Architecture du processus d'indexation*

Le module d'indexation représente le cœur de ce processus. Il récupère les concepts contenus dans l'ontologie et il calcule leur fréquence d'apparition dans les documents, il se déroule donc comme suit :

A. Extraction de concepts : L'objectif de cette étape est d'extraire tous les termes du document susceptibles de représenter des concepts dans l'ontologie. Ces termes correspondent à différentes entrées (ou nœuds) dans l'ontologie. A cet effet, nous utilisons une technique qui consiste à projeter l'ontologie sur le document. Cela est fait par un parcours de l'ontologie en utilisant un parseur développé à cet effet afin d'identifier les concepts de l'ontologie qui occurrent comme des termes dans le document. Une partie du processus d'indexation permet de générer automatiquement les concepts ascendants des concepts extraits. Ce qui permettra, par exemple, à partir du concept « chat » de générer les concepts « carnivore », « mammifère », « vertébré » comme descripteurs du document malgré qu'ils ne soient pas présents dans son contenu.

B. Pondération des concepts : Le poids d'un terme traduit son importance dans le document. La phase de pondération à un impact majeur sur la qualité du processus de recherche lui même, elle permet d'associer à chaque concept trouvé dans le document un poids (fréquence d'apparition). Nous avons utilisé une méthode de pondération statistique qui permet de calculer la fréquence de chaque terme extrait selon le nombre d'occurrences de ce dernier.

3.4.2. Processus de reformulation

L'utilisateur trouve souvent des difficultés pour traduire son besoin exact en information. Par conséquent, parmi les documents qui lui sont retournés par l'outil de recherche, certains l'intéressent moins que d'autres. A cet effet, une amélioration de la façon dont l'utilisateur exprime son besoin et un plus qui peut améliorer la qualité des documents retournés. Dans ce contexte le processus de reformulation prend en charge la génération d'une nouvelle requête en utilisant l'ontologie 'AnimOnto' et la requête initiale dans le but de rendre des documents plus pertinents que ceux rendus par une requête non reformulée.

La structure du processus de reformulation, les différents modules qui le composent ainsi que les interactions entre eux sont illustrés par la figure 4.11.

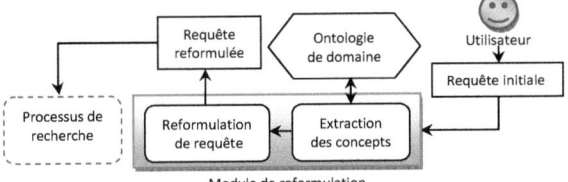

Figure 4.11 – *Architecture du processus de reformulation*

Ce processus se base essentiellement sur le module de reformulation qui prend en charge l'expansion de la requête utilisateur pour approcher au mieux son besoin en information. Ce module se déroule selon deux étapes agissant sur différents aspects de la requête initiale, ces étapes sont :

A. Extraction des concepts : dans cette étape le module de reformulation récupère les termes de la requête présents dans l'ontologie, puis il parcoure l'ontologie en utilisant ces termes comme point d'entrée afin d'extraire les concepts liés directement à chaque terme dans les différents niveaux d'hiérarchies de l'ontologie. Par exemple pour le concept 'chien', le concept relier à se terme est : carnivore.

B. Reformulation de requête : dans cette étape, le module de reformulation prend en entrée les concepts récupérés dans l'étape précédente, ils les utilisent dans la génération de la nouvelle requête qui sera transmise par la suite au processus de recherche.

4.4.3. Processus de recherche

Ce processus se charge principalement de la décision fondamentale qui permet d'associer à une requête, l'ensemble des documents pertinents à restituer. Il est fondé sur le modèle de recherche booléen, présenté dans le chapitre 1, dans lequel un document (d) est représenté par son ensemble de termes (t_i), et une requête (q) comme une expression logique de termes. Un document ne correspondra à une requête que si l'implication (d $\Rightarrow$ q) est valide. Cette correspondance C(d,q) est déterminée comme suit :

- $C(d, t_i) = 1$ si $t_i \in d$; 0 sinon
- $C(d, q_1 \wedge q_2) = 1$ si $C(d, q_1) = 1$ et $C(d, q_2) = 1$; 0 sinon
- $C(d, q_1 \vee q_2) = 1$ si $C(d, q_1) = 1$ ou $C(d, q_2) = 1$; 0 sinon
- $C(d, \neg q) = 1$ si $C(d, q) = 0$; 0 sinon

Afin de clarifier le principe de fonctionnement du processus de recherche, nous présentons deux scénarios différents selon les deux modes de recherche offerts par notre système :

A) Scénario 1 : 'une recherche classique'

Supposons que l'utilisateur souhaite avoir des informations sur le monde des chats. Il formule alors une requête contenant le mot 'chat'. Le processus de recherche prend en entrée cette requête et interroge l'ensemble des documents présents dans la base documentaire via la base d'index et récupère ceux qui sont pertinents. Il s'agit des documents $\{d_1, d_2, d_3, \ldots d_n\}$ dans lesquels se trouve le mot 'chat'. Le module de recherche classe ensuite ces documents de plus fort poids au plus faible $\{P_1, P_2, P_3, \ldots P_n\}$, le résultat est enfin affiché à l'utilisateur.

B) Scénario 2 : 'une recherche sémantique'

Pour le même besoin en information, la requête utilisateur est envoyée cette fois au processus de reformulation qui génère automatiquement une nouvelle requête en utilisant l'ontologie de domaine 'AnimOnto'. La nouvelle requête sera transmise au processus de recherche pour être utilisée par la suite afin de restituer les documents reflétant le besoin de l'utilisateur.

Dans l'exemple choisi, le résultat de reformulation de la requête sera : « chat + carnivore», le mot 'carnivore' a été récupéré de l'ontologie en utilisant un parseur développé à cet effet. Le processus de recherche récupère enfin l'ensemble de documents $\{d'_1, d'_2, d'_3, \ldots, d'_n\}$ contenant le mot 'chat' et/ou le mot 'carnivore'. Il procède par la suite à la somation des poids $\{P'_1+P''_1, P'_2+P''_2, P'_3+P''_3, \ldots, P'_n+P''_n\}$ afin de classer les documents résultants par ordre de pertinence. Le résultat est enfin affiché à l'utilisateur.

La figure 4.12, présente la manière selon laquelle le processus de recherche fonctionne ainsi que l'interaction entre ses différents éléments.

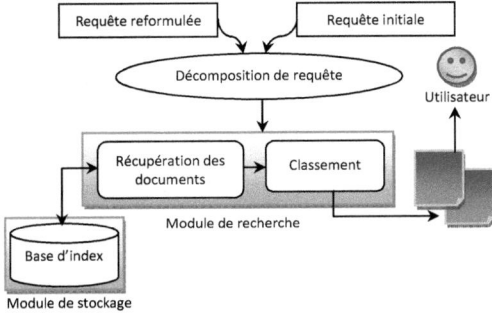

Figure 4.12 – *Architecture de processus de recherche*

Finalement, la composition des trois processus nous permettra de définir l'architecture générale de notre système, elle est présentée dans la figure 4.13.

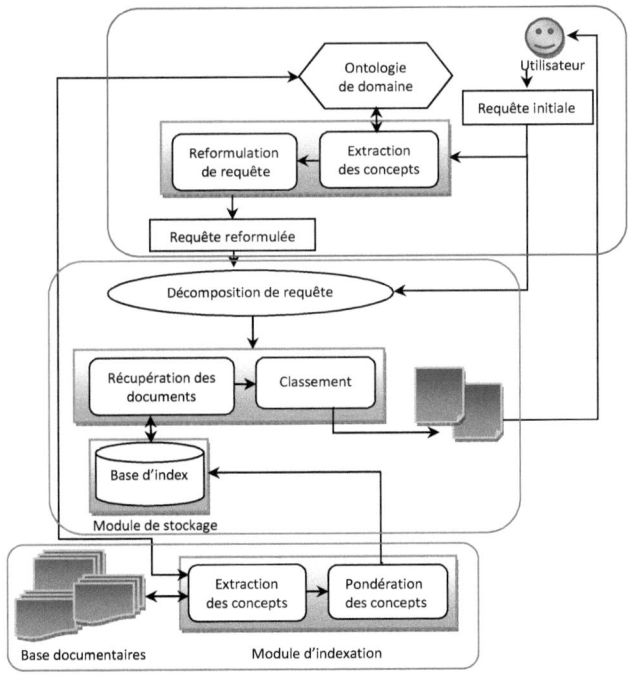

Figure 4.13 – *Architecture générale du système pour la recherche sémantique d'information*

3.5. AnimSe Finder : un outil de recherche sémantique guidée par ontologie

L'application '*Animals Semantic Finder*' est conçue pour répondre à l'objectif principal de notre contribution qui consiste à prendre en compte la sémantique en se basant sur une ontologie de domaine dans les SRI. Notre application offre aux utilisateurs la possibilité d'effectuer deux types de recherche :

A) Recherche classique : dans ce mode de recherche, l'utilisateur formule une requête relative au monde des animaux afin d'avoir des réponses à des questions fréquemment posées dans ce domaine, comme par exemple : la duré de vie d'un animal, sa nourriture, les catégories...etc. Le système traite la demande de l'utilisateur et fournit tous les documents qui répondent à sa requête.

B) Recherche sémantique : parmi les documents retournés dans le premier type de recherche, certains ne répondent pas au besoin exact de l'utilisateur. A cet effet, nous offrons la possibilité d'élargir la recherche par l'ajout d'autres termes à la requête initiale dans le but d'avoir des documents plus proches à ceux que l'utilisateur souhaite avoir. Ces termes sont à récupérer de l'ontologie de domaine associée à notre système.

3.5.1. Outils utilisés pour le développement de l'application

Pour le développement de l'application '*AnimSe Finder*' nos choix en terme d'outils et de techniques d'implémentation sont les suivants :

- **Protégé 2000 :** c'est un logiciel libre d'utilisation. Il permet d'éditer des ontologies et c'est également une structure de base de connaissances. Il permet d'extraire une ontologie créée sous un format XML, RDF, OWL ...etc. Il est à noter que Protégé dans sa version 3.3.1 offre beaucoup de fonctionnalités, que nous n'avons pas certainement toutes utilisées. Pour éditer l'ontologie 'AnimOnto' que nous utilisons pour guider la reformulation et la recherche dans notre système, nous avons opté pour le format XML. Le format XML est bien adapté aux ontologies de légère taille comme dans notre cas, il permet également d'utiliser l'Api Dom pour le parcours et l'exploration de l'ontologie.
- **Api DOM :** Le **D**ocument **O**bject **M**odel définit un ensemble standard de commandes que les analyseurs doivent intégrer afin d'accéder au contenu des documents XML. Un analyseur XML qui prend en charge le DOM extrait les données d'un document XML et les exposent à l'aide d'un ensemble d'objets. Dans notre cas le DOM sera utilisé par le parseur XML afin d'extraire les concepts de l'ontologie associés aux termes représentatifs d'un document.

L'intégration de l'Api dom avec le langage Vb.*Net* est assuré en établissant une référence à la bibliothèque de types MSXML, fournie dans Msxml.dll.

- ***Vb.Net :*** Visual Basic.Net est un langage de programmation orienté objet permettant de développer en .Net via Visual Studio. Ce langage mis à la disposition des applications s'exécutant dans l'environnement .Net, un ensemble de classes permettant à l'utilisateur d'interagir avec le système. Nous avons opté pour ce langage pour ses qualités en termes de gestion de base de données et les facilités qu'il offre pour la manipulation des documents externes (XML dans notre cas). Il permet entre autres un accès aux données très simple et polyvalent et il intègre une bibliothèque d'objets riche pour l'utilisation des Api Windows.

- ***Access :*** Nous faisons appel au système de gestion de base de données Access pour la création de la base de données servant au stockage des index et des références associés aux différents documents de la base documentaire. Access est basé sur le modèle relationnel et fonctionnent sur le principe suivant : les informations sont stockées dans des tables qui sont reliées entre elles par des relations. L'interrogation de la base de données se fait à l'aide de requêtes écrites à l'aide d'un langage commun à la plupart des SGBD : le SQL (Structured Query Language).

3.5.2. Présentation de l'outil 'AnimSe Finder'

A) Interface principale : L'outil de recherche Animal Semantic Finder offre l'ensemble de fonctionnalités décrites dans l'architecture proposée. Il permet plus exactement, d'émettre une requête, de fournir les documents répondant à cette requête par deux types de recherche (sémantique et classique). Il donne également la possibilité d'élargir la base documentaire en rajoutant de nouveaux documents, tout en permettant leur indexation afin qu'ils seront pris en compte en répondant à de futures requêtes. Il offre enfin la possibilité de visualiser l'ontologie 'AnimOnto' selon trois type d'affichage (en code XML, sous forme d'un graphe et sous forme arborescente). La figure 1.14, donne un aperçu de l'interface principale de l'outil 'AminSe Finder' qui se compose de six zones différentes.

(1) La requête initiale
(2) Les concepts de l'ontologie 'AnimOnto'
(3) Les deux types de recherché offerts
(4) La requête reformulée
(5) Les scores de pertinence
(6) Les documents retournés

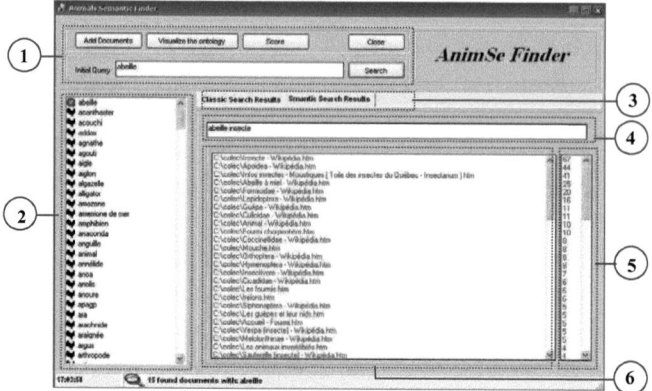

Figure 4.14 – *Interface principale de l'outil AnimSe Finder*

B) Indexation : Une fois le document rajouté à la base documentaire, il doit être indexé. L'activation de l'opération d'indexation donnera lieu au déclenchement d'une suite d'opérations qui commencent par un prétraitement pour éliminer les mots vides de document via un anti dictionnaire. Par la suite il s'agit d'extraire les concepts représentatifs du document, cette opération est guidée par l'ontologie 'AnimOnto'. Enfin la pondération des concepts consiste à affecter un poids pour chaque concept trouvé et mettre à jour la base des index. Ces opérations sont faites d'une manière automatique dés l'ajout d'un nouveau document, et elles sont totalement prises en charge par le système. La figure 4.15 présente l'interface d'indexation.

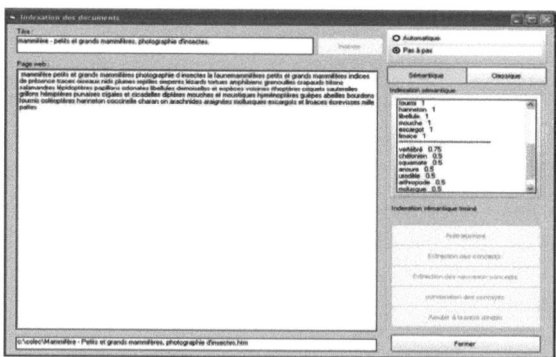

Figure 4.15 – *Mécanisme d'indexation sémantique*

C) Visualisation de l'ontologie : l'outil 'AminSe Finder', donne la possibilité de visualiser l'ontologie 'AnimOnto' utilisée pour guider les opérations d'indexation et de recherche. trois types d'affichage sont offerts (en code XML, sous forme d'un graphe et sous forme arborescente). La figure 4.16, présente la manière dont l'ontologie est affichée.

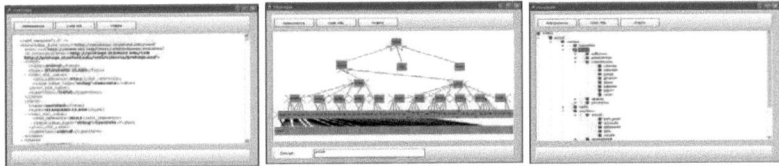

Figure 4.16 – *Visualisation de l'ontologie AnimOnto*

3.6. Conclusion

Dans le cadre de cette deuxième contribution nous avons présenté une approche pour représenter le contenu sémantique des documents et guider la modification automatique de requêtes par expansion. Le but était d'améliorer les performances des systèmes de recherche d'information.

Afin de rendre opérationnel notre proposition, la mise en place d'un ensemble de ressources externes était nécessaire, nous avons donc construit l'ontologie de domaine 'AnimOnto' relative au monde des animaux et la base documentaire qui couvre le même domaine. Ils ont été utilisés pour le test et la validation de notre proposition. Nous avons également proposé une architecture générale basée sur trois processus complémentaires, elle utilise l'ontologie lors de la phase d'indexation sémantique (l'identification des concepts et leur la pondération) et pendant l'étape la reformulation sémantique (expansion de la requête par des concepts issus de l'ontologie). Nous avons enfin développé l'outil 'AnimeSe Finder', ce dernier présente l'avantage d'être générique et adaptable à d'autres types de recherche. Il suffit simplement d'utiliser une autre ontologie avec une autre base documentaire correspondante au domaine voulu, pour pouvoir exploiter les fonctionnalités offertes par l'outil 'AnimeSe Finder'.

4. CONCLUSION

Pour répondre à l'un des objectifs de notre thèse qui consiste à exploiter les avantages offerts par la sémantique et le contexte pour améliorer les SRI, nous avons présenté deux contributions faisant appel respectivement aux ontologies et aux profils utilisateur comme supports de modélisation afin de répondre à ce besoin. La valeur de ces deux propositions réside dans leur complétude dans le sens où chacune d'elle couvre, en totale autonomie, le processus de RI. Nos contributions présentes également l'avantage d'être supportés par des outils développés pour montrer leur applicabilité à des SRI opérationnels.

Sur le plan de la considération du contexte dans les SRI, nous estimons que l'exploitation des données contextuelles basée sur les profils des utilisateurs pourrait être une très bonne façon de reformuler la requête utilisateur. Ce mécanisme complémentaire peut fortement améliorer la qualité de la recherche d'information sur le web. Nous estimons également que, plus les profils de l'utilisateur sont correctement construits plus les documents retournés sont pertinents. Ainsi, l'approche de la construction de profils doit être étudiée en profondeur afin d'avoir plus d'éléments représentatifs. Des données supplémentaires, comme les historiques de recherche et l'activité de navigation de l'utilisateur peuvent également être combinées pour améliorer la reformulation de requêtes. Cela constitue une partie de nos perspectives pour améliorer PRESY.

En ce qui concerne l'utilisation de la sémantique dans les SRI, le recoure à une ontologie permet de fournir des ressources sous forme de concepts et de relations entre concepts permettant un traitement pour élargir le champ de recherche pour les requêtes. Par conséquence, il serait intéressant d'approfondir le travail réalisé avec l'idée d'utiliser une requête combinée de plusieurs mots et aussi de faire une analyse lexicale sur la requête pour corriger les fautes d'orthographe saisis par l'utilisateur. Il serait également intéressant d'élargir le domaine d'application en agrandissant l'ontologie 'AnimOnto' par l'ajout des nouveaux concepts et relations sémantiques ou encore d'étendre la recherche vers d'autres domaines que celui des animaux. Ce sont nos perspectives pour améliorer AnimSe Finder.

Chapitre 5

Amélioration de l'évaluation des SRI par la considération du contexte et de la sémantique

Chapitre 5

Amélioration de l'Evaluation des SRI par la Considération du Contexte et de la Sémantique

1. Introduction	117
2. Une nouvelle approche contextuelle pour l'évaluation qualitative des SRI	118
2.1. Motivations	118
2.2. Utilisation du contexte en RI	119
2.3. Evaluation classique des SRI, principes et limites	119
2.3.1. Les campagnes d'évaluation TREC et CLEF	119
2.3.2. Limites des approches classiques pour l'évaluation des SRI	120
2.4. Présentation détaillée de l'approche	121
2.4.1. Evaluation des performances de l'outil de recherche	122
2.4.2. Evaluation automatique de la pertinence des résultats	122
2.4.3. Evaluation de la pertinence par jugement de l'utilisateur	124
2.5. Application de l'approche proposée à l'évaluation des moteurs de recherche	124
2.5.1 Module de gestion des interactions utilisateur/moteur de recherche	125
2.5.2. Module d'évaluation à trois niveaux du contexte	126
2.6. Conclusion	128
3. Une nouvelle approche pour l'évaluation sémantique des SRI sur le web	128
3.1. Nature et difficultés liées à la structure des données utilisées	129
3.2. Fondements de l'approche proposée	130
3.2.1. Choix du modèle de recherche d'information	130
3.2.2. Choix de la ressource linguistique	133
3.3. Présentation de l'approche proposée	136
3.3.1. Module de recherche	137
3.3.2. Module d'extraction d'information	138
3.3.3. Module de projection sémantique	139
3.3.4. Module de calcul	140
3.3.5. Module de classement	141
3.3.6. Module de présentation	141
3.3.7. Architecture générale	142
3.4. Conclusion	143
4. Conclusion	144

Chapitre 05 : Amélioration de l'Evaluation des SRI par la Considération du Contexte et de la Sémantique

1. INTRODUCTION

Le rôle crucial de l'évaluation dans le développement des outils de recherche d'information est aujourd'hui une évidence pour améliorer les performances de ces outils et la qualité des résultats qu'ils retournent. En effet, l'évaluation d'un SRI consiste à mesurer ses performances par rapport aux besoins de l'utilisateur en information, le but est de rapprocher les réponses fournies par le système à celles attendues par l'utilisateur.

Pour répondre à ce besoin, plusieurs approches d'évaluation ont été proposées. Ces propositions sont essentiellement des résultats expérimentaux et des méthodes qui proposent des critères d'évaluation ou des métriques de pertinence. Néanmoins, ces approches d'évaluation classique présentent certaines limites et lacunes notamment au sujet de la prise en compte du contexte de l'usager, de la considération des différents sens qui peuvent être portés par les termes de la requête et de la façon dont l'adéquation entre la requête et les documents retournés est mesurée. Ce constat critique a motivé nos réflexions pour l'exploitation des éléments contextuels et des caractéristiques sémantiques autours du processus de recherche pour améliorer le processus d'évaluation des SRI sur le web.

Dans ce chapitre, et parallèlement à ce qui a été présenté dans le chapitre précédent, nous présentons deux autres contributions, qui sont une continuation des deux précédentes. En effet après avoir exploiter le contexte et la sémantique comme support au processus de recherche d'information lui-même (reformulation des requêtes et indexation des documents). Nous utilisons cette fois ces deux concepts pour améliorer l'évaluation de ce type de systèmes. Les deux contributions de ce chapitre se résument comme suit :

- Une première contribution [Bouramoul, 11-a] et [Bouramoul, 11-c] qui consiste à proposer une approche à trois niveaux de contexte pour l'évaluation des SRI sur le web.
- Une deuxième contribution [Bouramoul, 11-d] qui consiste à faire appel à la sémantique pour proposer une approche à base d'ontologie pour l'évaluation des SRI sur le web.

Ce chapitre est structuré en deux grandes parties reflétant nos deux propositions : Dans la première partie nous commençons par donner une synthèse sur l'utilisation du contexte dans le domaine de la RI, nous exposons par la suite un panorama des approches classiques pour l'évaluation des SRI et nous mettons l'accent sur les limites et les lacunes de ces dernières. Par la suite nous abordons notre contribution en présentant l'approche d'évaluation contextuelle que nous proposons et son application pour évaluer les moteurs de recherche. Dans la deuxième partie du chapitre, nous commençons par une description de la nature des informations à traiter et nous définissons les paramètres de notre proposition ainsi que les motivations de nos choix en termes de modèle pour la recherche d'information et de la ressource linguistique utilisée. Nous présentons enfin les modules servant à construire l'architecture générale de notre proposition.

2. UNE NOUVELLE APPROCHE CONTEXTUELLE POUR L'EVALUATION QUALITATIVE DES SRI

Les SRI ont été mise en place pour permettre de retrouver des informations dans des corpus de documents fermés ou ouverts sur le Web. Par conséquence plusieurs questions se posent au sujet de ces outils de recherche d'informations, notamment au niveau de leur performance et de la pertinence des résultats qu'ils retournent. Cette première partie du chapitre présente donc notre contribution qui consiste à proposer une nouvelle approche basée sur le contexte pour l'évaluation des systèmes de recherche d'information. L'expérimentation de l'approche proposée à l'évaluation des moteurs de recherche a permis de prouver son applicabilité à de vrais outils de recherche. Les résultats obtenus ont révélé que l'évaluation à trois niveaux de contexte est une piste prometteuse pour diagnostiquer les performances, les caractéristiques et le comportement des moteurs de recherche ainsi que la pertinence des résultats qu'ils retournent.

2.1. Motivations

Après une investigation profonde autour des travaux de recherche et des activités de synthèse, nous nous sommes rendus compte qu'une abondante littérature a été produite dans ce domaine. Ces travaux proposent à la fois des résultats expérimentaux et des méthodes qui proposent des critères ou des métriques d'évaluation. Mais peu de ces méthodes s'intéressent à la considération du contexte durant le processus d'évaluation. Notre contribution est donc guidée par deux motivations principales : d'abord par le manque que nous avons constaté autours des méthodologies basées sur le contexte pour mesurer la qualité des outils de recherche d'information, ce constat est soutenu par les travaux de [Tamine, 10], [Menegon, 09]. Ensuite par l'obligation à laquelle nous nous sommes confrontés après avoir mener récemment des travaux portant sur la prise en compte du contexte en recherche d'information sur le web [Bouramoul, 10], où nous n'avons pas pu trouver un protocole d'évaluation contextuelle pour la validation de notre proposition. Ce travail sera donc une continuation logique de ce qui a été fait précédemment, et une piste prometteuse pour mener à bien le processus d'évaluation des outils de RI sur le web.

2.2. Utilisation du contexte en RI

Le contexte est défini comme « l'ensemble des facteurs cognitifs et sociaux ainsi que les buts et intentions de l'utilisateur au cours d'une session de recherche » [Belkin, 04]. D'une manière générale, le contexte regroupe des éléments de natures divers qui délimitent la compréhension, le champ d'application ou les choix possibles. En RI le contexte peut être utilisé à trois stades différents selon l'avancement du processus de recherche lui-même. Le tableau 5.1, résume les possibilités de faire appel au contexte en RI et présente les éventuels mécanismes de son utilisation.

Phase (Où)	Utilisation (Comment)	Exemple de travaux (Qui/Quoi)
Au début du processus de recherche	- Pour résoudre le problème de l'ambiguïté des termes dans la requête et améliorer ainsi la qualité des résultats retournés par le système. - Pour l'introduction des contraintes de types spatio-temporelles sur les algorithmes de recherche.	- [Navigli, 03] : Utilise des ontologies avec des relations d'équivalence et de subsomption afin d'extraire les termes à rajouter à la requête initiale. - [Chen, 09] : Propose un algorithme pour la recherche des vidéos qui capitalise le contexte via les entités spatio-temporelles.
Pendant le processus de recherche	- Au niveau des interactions avec le système pour rendre possible l'exploitation réelle de l'ensemble des résultats une fois affiché.	- [Rosset, 06] : Propose une plateforme contextuelle de dialogue homme-machine permettant à un utilisateur de poser oralement des questions et de dialoguer avec un SRI.
A la fin du processus de recherche	- Pour guider le principe de la réinjection de pertinence (Relevance Feedback), avec l'idée de se baser sur les résultats d'une première recherche et le contexte en cours pour reformuler la requête de l'utilisateur	- [Bouramoul, 10] : Propose une reformulation contextuelle des requêtes à base de profils utilisateur pour minimiser l'intervention de l'utilisateur lors de la reformulation.

Tableau 5.1– *Différentes phases d'utilisation du contexte en RI*

2.3. Evaluation classique des SRI, principes et limites

L'évaluation classique en recherche d'information repose sur la performance des systèmes en eux-mêmes. Elle est quantitative et s'appuie sur les travaux réalisés dans les années soixante à Cranfield (Royaume-Uni) sur les systèmes d'indexation [Menegon, 09]. Ce type d'approches se base essentiellement sur des corpus de documents, des corpus de requêtes, des jugements de pertinence et des métriques d'évaluation basées sur le rappel et la précision. [Daoud, 09].

2.3.1. Les campagnes d'évaluation TREC et CLEF

Les campagnes d'évaluations représentent le modèle actuel dominant. En effet, c'est sur l'expérience des tests de Cranfield que s'est basé le NIST (National Institute of Science and Technology) pour créer la campagne d'évaluation TREC (Text REtrieval Conference) en 1992. Les campagnes de TREC sont devenues la référence en ce qui concerne l'évaluation des systèmes mais on peut également citer les campagnes

CLEF (Cross-Language Evaluation Forum) qui se rattachent plus particulièrement aux systèmes multilingues, les campagnes NTCIR et Amaryllis.

La campagne d'évaluation TREC est une série d'évaluations annuelles des technologies pour la recherche d'informations. Les participants sont en général des chercheurs pour de grandes compagnies commercialisant des systèmes et voulant les améliorer et des groupes de recherche universitaires. Aujourd'hui le TREC est considéré comme le développement le plus important dans la recherche d'informations expérimentales, et demeure le plus cité et utilisé par la communauté de RI. Les pistes principales explorées sont le filtrage, la tâche ad hoc et la tâche question-réponse. Pour l'année 2010 TREC a mis l'accent sur les pistes : blog, entité, légal et réinjection de pertinence[1].

La campagne CLEF est lancée en 2000 comme un projet européen d'évaluation des SRI. Le but de ce projet est de promouvoir la recherche dans le domaine des systèmes multilingues en organisant des campagnes d'évaluations annuelles. L'intention est d'encourager l'expérimentation de toutes sortes d'accès à l'information multilingues, allant du développement des systèmes de recherche monolingue opérant sur de nombreuses langues à la mise en œuvre des services de recherche multilingues et multimédia. L'objectif est aussi d'anticiper les nouveaux besoins de la communauté R&D et d'encourager le développement des SRI multilingue de prochaine génération (Petes., 2009). CLEF 2009 s'est focalisée sur huit tâches principales, les plus importantes d'entre elles sont : recherche de documents textuels multilingues, recherche dans les collections d'images et l'analyse des fichiers log[2].

2.3.2. Limites des approches classiques pour l'évaluation des SRI

Malgré la popularité et la reconnaissance du TREC et CLEF, ces approches pour l'évaluation des SRI présentent certaines limites notamment au sujet de la prise en compte de l'usager, de la constitution des corpus et des requêtes, mais également de l'évaluation elle-même. Afin de mieux cerner ces limites, nous nous sommes basés sur les travaux de [Tamine, 10], [Chaudiron, 02] et [Menegon, 20]. Une synthèse de ces travaux nous a permis de définir six classes de problèmes. Le tableau 5.2, résume ces limites.

---

[1]. Site Web de la campagne TREC : http://trec.nist.gov/.
[2]. Site Web de la campagne CLEF : http://www.clef-campaign.org/.

Nature de limite	Discussion
Absence de l'utilisateur	- La notion d'utilisateur final implique des connaissances personnelles, une expérience et des capacités de recherche différentes dont l'évaluation classique des SRI ne s'en soucie pas. - Ces évaluations ne tiennent pas compte du contexte dans lequel se fait la recherche puisqu'elles ne sont pas effectuées en situation d'utilisation réelle.
Jugements de pertinence	- Les jugements de pertinence dans le TREC opèrent de façon binaire : un document est jugé pertinent ou ne l'est pas. Pourtant, ce n'est évidemment pas toujours le cas, certains documents sont plus pertinents que d'autres qui le sont quand même. - La pertinence considérée dans l'évaluation classique des SRI est thématique, indépendante du contexte, situation de recherche et centres d'intérêt des utilisateurs. - Les jugements de pertinence doivent être nuancés dans le sens où ils sont stables et ne varient pas dans le temps et qu'ils sont attribués indépendamment les uns des autres.
Corpus de requêtes	- Le problème de formulation de requêtes en RI, transforme la tâche de recherche en tâche de savoir poser les questions au système. Les écarts sont grands entre ce que nous pensons et ce qui est interprété. - Dans les protocoles d'évaluation en mode batch, les requêtes sont supposées représenter à elles seules l'utilisateur. Les utilisateurs directs ayant émis ces requêtes ne font pas partie intégrante de la collection.
Corpus de documents	- Dans les corpus traditionnels, un document est un texte à part entière, et l'évaluation se fait par rapport au nombre de documents retrouvés, or en général, un utilisateur ne cherche pas des documents mais de l'information, et ceux-ci ne contiennent jamais la même quantité d'information.
Métriques	- Les mesures d'évaluation ne sont pas exhaustives et elles ne permettent pas d'évaluer des SRI opérationnels.
Interaction avec le système	- Les évaluations classiques ne prennent pas en compte le caractère interactif d'une recherche d'information. Un modèle d'évaluation qui néglige l'interaction est irréaliste et inadéquat pour les SRI d'aujourd'hui.

Tableau 5.2– *Synthèse des limites des approches classique pour l'évaluation des SRI*

2.4. Présentation détaillée de l'approche

Notre approche d'évaluation consiste à prendre en compte le contexte de l'utilisateur, de la requête et celui de l'outil de recherche lors de l'évaluation. Elle se compose de trois parties : l'évaluation des performances de l'outil de recherche, l'évaluation automatique de la pertinence des résultats retournés et enfin l'évaluation de la pertinence par jugement d'utilisateur. La figure 5.1, résume les trois niveaux d'évaluation et illustre le lien entre le type de contexte et le niveau d'évaluation.

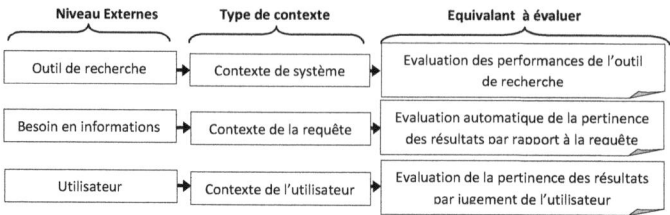

Figure 5.1– *Lien entre le type de contexte et le niveau d'évaluation*

2.4.1. Evaluation des performances de l'outil de recherche (contexte du système)

Il s'agit de la première composante de notre approche. L'évaluation visée à ce niveau repose sur un certain nombre de critères qui résument les problèmes généralement rencontrés par les utilisateurs lors d'une session de recherche. Les critères que nous avons définis dépendent de la nature des informations manipulées, de la source de ces informations et enfin du mécanisme utilisé pour récupérer ces informations. Les valeurs attribuées à ces critères sont calculées automatiquement par le système dés l'obtention des résultats, leur estimation donnera par la suite un aperçu sur la qualité de l'outil de recherche. Ces critères se résument en :

– *Les résultats redondants* : il s'agit de mesurer la capacité de l'outil de recherche à écarter les résultats redondants, cela signifie qu'il doit retourner une seule fois les résultats provenant d'un même site mais avec des pages différentes.
– *Les liens morts* : Un lien mort est un lien qui mène vers une page qui n'existe plus, dans ce cas le navigateur web retourne le code d'erreur '404'. Evaluer ce critère revient à ressortir la capacité de l'outil de recherche à écarter les liens mots.
– *Les pages parasites* : Elles regroupent les pages publicitaires et celles qui ne recensent que des liens promotionnels. Ces pages ne rapportent aucune information utile à l'utilisateur et faussent généralement les résultats. Leur élimination revient à la qualité des algorithmes utilisés par les moteurs de recherche.
– *Le temps de réponse* : Il s'agit du temps que le moteur de recherche prend pour retourner les résultats d'une requête : Plus le temps de réponse est court mieux l'outil de recherche est performant.

2.4.2. Evaluation de la pertinence des résultats (contexte de la requête)

C'est la deuxième partie de notre approche, elle consiste à pondérer, par augmentation de nombre de termes, les mots de la requête par rapport aux mots des documents retournés. Cela revient à choisir les termes à pondérer dans un premier temps puis d'appliquer la formule que nous proposons.

2.4.2.1. Choix des termes à pondérer, une pondération incrémentale

Dans un processus de RI sur le web, la requête traduit un besoin d'information et elle est composée d'un ou plusieurs mots. Dans ce cas les groupes de mots d'une requête sont plus riches sémantiquement que les mots qu'ils la composent pris séparément et peuvent donc mieux répondre à ce que l'utilisateur attend.

Nous avons choisi de définir plusieurs niveaux d'hiérarchie lors de la pondération selon le nombre de mots composant la requête. Chaque niveau est composé d'un ou de plusieurs termes (un groupe de mots) en partant de la requête formulée par l'utilisateur. La pondération incrémentale des termes de la requête au lieu d'une pondération classique de chaque mot séparément, permet de mieux prendre en compte le contexte de la requête lors de l'évaluation. A titre d'exemple, si la requête émise par l'utilisateur est 'évaluation contextuelle des systèmes de recherche d'information', les documents qui contiennent les groupes de mots 'évaluation contextuelle des systèmes' et 'évaluation contextuelle' sont certainement plus proches à ce que l'utilisateur attend que ceux dans lesquels on trouve les termes 'évaluation', 'contextuelle' 'systèmes' ou 'information' pris séparément.

2.4.2.2. Calcul de la pertinence, une formule contextuelle

Une fois les groupes de mots à pondérer sont définis. Il s'agit d'affecter un poids qui détermine leur importance dans le document. Nous avons donc développé une formule de pondération qui prend en compte le contexte de la requête en termes de nombre de mots la composant. Cette formule est inspirée de la pondération TF/IDF [Soucy, 05], à laquelle nous avons rajouté deux dimensions : la longueur du document et la hiérarchie des groupes de mots en fonction de la longueur de la requête. Elle est donc incrémentale et se définit comme suit :

$$W(R,D) = \sum_{R' \in R} \left[\frac{W(R',D)}{lenth(D)}\right] * \left[\frac{length(R')^2}{length(R)}\right] * \log_2\left[\frac{NbrD(R')}{NbrTDA}\right]$$

Avec :   R : L'ensemble des termes de la requête.
R' : L'ensemble des termes du groupe de mots à pondérer
W (R',D) : La fréquence du groupe de mots R' dans le document D.
Length (R) : Longueur de la requête
Length (R') : Longueur du groupe de mots à pondérer.
Length (D) : Longueur du document.
NnbTDA : Nombre totale de document analysés.
NbrD(R') : Nombre de document contenant le groupe de mot R'.

2.4.3. Evaluation par jugement de l'utilisateur (contexte de l'utilisateur)

L'intérêt qu'un utilisateur porte pour une information dépend fortement des individus et du contexte d'utilisation. Une information aura donc une importance pour un utilisateur donné dans un contexte donné. En partant de ce principe et pour permettre la prise en compte des jugements de l'utilisateur lors de l'évaluation, nous utilisons une adaptation de notre proposition [Bouramoul, 10], qui consiste à modéliser le contexte de l'utilisateur via son profil. Cette adaptation nécessite une redéfinition des concepts du contexte statique et dynamique.

2.4.3.1. *Contexte Statique*

Il s'agit des caractéristiques personnelles de l'utilisateur pouvant influencer le contexte de l'évaluation. Ces renseignements sont à récupérer lors de la première connexion au système. À cet effet, nous utilisons les quatre catégories d'informations définies dans le chapitre 4.

2.4.3.2. *Contexte Dynamique*

Dans le but d'optimiser la réutilisation des jugements de l'utilisateur, cette deuxième composante du contexte consiste en l'association des jugements de pertinence au contexte de l'utilisateur. Le principe est le suivant : à la fin de chaque session de recherche la construction du contexte dynamique est lancée, et cela en permettant aux utilisateurs d'exprimer leur jugement de pertinence vis-à-vis des documents retournés par l'outil de recherche. Ce jugement consiste à voter sur une échelle de 0 à 5, où 0 correspond à un document totalement inutile ou hors-thème, et 5 correspond à un document répondant de façon parfaite à la question posée. L'évaluation est activée automatiquement chaque fois que l'utilisateur exprime un jugement en recalculant la valeur de pertinence du résultat considéré.

2.5. Application de l'approche proposée à l'évaluation des moteurs de recherche

Pour montrer l'applicabilité de l'approche proposée, nous allons l'utilisé pour l'évaluation contextuelle des moteurs de recherche. Notre choix s'est fixé sur trois moteurs (Google, Yahoo et Bing), ce choix est motivé par leur popularité dans la communauté web d'une part, et par le degré de sélectivité élevé qu'ils assurent d'une autre part.

Nous proposons donc de mettre en place un système qui effectue une recherche ouverte sur le web, et qui procède par la suite à l'évaluation des résultats retournés par chaque moteur de recherche en faisant appel aux trois niveaux d'évaluation de l'approche proposée. Ce système devrait permettre de :

− Emettre les mêmes requêtes aux trois moteurs de recherche ;
− Récupérer les résultats retournés par chaque moteur de recherche;
− Vérifier le contenu informationnel de l'ensemble des pages résultantes;
− Capturer les contextes statique et dynamique afin de les utiliser pour l'évaluation des résultats par jugement de l'utilisateur ;
− Mesurer le degré de pertinence des résultats retournés par chaque moteur en prenant en compte le contexte de la requête par l'application de la formule proposée.
− Diagnostiquer les performances, les caractéristiques, les spécifications et le comportement de chaque moteur de recherche en prenant en compte son contexte conformément à ce qui a été proposé dans le troisième niveau de notre approche.
− Coupler l'ensemble des scores obtenus dans les trois niveaux d'évaluation pour chaque moteur de recherche et avoir ainsi les scores finaux.

Le système se compose de deux principaux modules : un premier pour la gestion des interactions utilisateur/moteur de recherche (identification et recherche), et un second qui couvre les trois niveaux d'évaluation décrits dans notre proposition. Nous présentons dans ce qui suit les modules composants le système et nous illustrons les fonctionnalités offertes par chacun d'entre eux.

2.5.1 Module de gestion des interactions utilisateur/moteur de recherche

Une étape préalable à l'évaluation est absolument nécessaire, elle consiste à récupérer le besoin de l'utilisateur en information sous forme d'une requête, puis d'interroger le moteur de recherche choisi pour obtenir les résultats à évaluer.

Le module de gestion des interactions utilisateur/moteur de recherche prend en charge l'ensemble des interactions depuis la connexion au système jusqu'à la délivrance des résultats. Il s'occupe principalement de la capture du contexte statique de l'utilisateur, la gestion de son identification, il gère également la transmission de la requête utilisateur au moteur de recherche et la récupération des résultats, et il communique enfin ces résultats au module d'évaluation. Ce module se compose de deux processus complémentaires :

2.5.1.1. Processus de capture du contexte de statique

Le contexte statique précédemment défini lors de la présentation de notre approche est représenté par le profil utilisateur. Les données du profil peuvent être renseignées par l'utilisateur, apprises par le système au cours de l'utilisation ou renseignées par sélection d'un profil préexistant créé par des experts du domaine.

Dans notre cas, nous construisons le contexte statique lors de la première connexion au système. Cette construction s'effectue en demandant à l'utilisateur de renseigner les quatre catégories d'informations définies précédemment. La catégorisation des utilisateurs offre l'avantage d'avoir des informations typiques avec la possibilité de les affiner au fur et à mesure. Une fois l'indentification faite, l'utilisateur peut procéder à des recherches sur le web.

2.5.1.2. Processus de recherche

Nous avons opté pour un système qui offre une recherche ouverte sur le web avec le principe suivant : après connexion au système, l'utilisateur formule sa requête et le processus de recherche initie l'opération de recherche en exécutant parallèlement le noyau de chacun des trois moteurs. Les résultats obtenus sont enfin communiqués à l'utilisateur et au module d'évaluation.

La figure 5.2, présente le module de gestion des interactions utilisateur/moteur de recherche et illustre le principe de fonctionnement de ces deux processus.

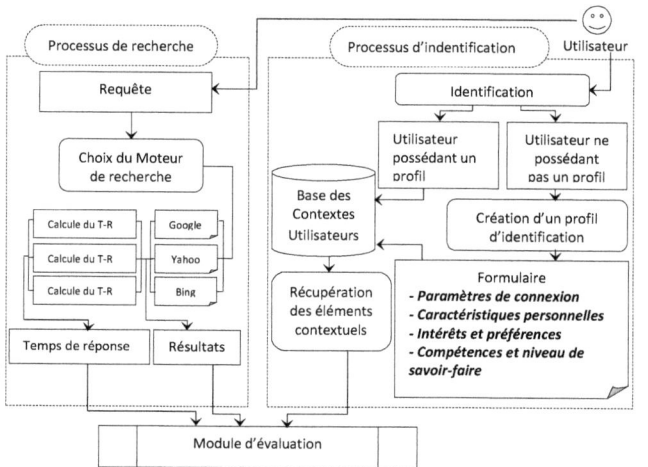

Figure 5.2 – *Module de gestion des interactions utilisateur/moteurs de recherche*

2.5.2. Module d'évaluation à trois niveaux du contexte

Afin d'évaluer les trois moteurs de recherche, le système récupère les résultats de chacun d'entre eux et procède à leur analyse. Le module d'évaluation contextuelle se compose de trois processus représentant les trois niveaux d'évaluation de l'approche que nous proposons. L'algorithme suivant illustre le principe de fonctionnement du module d'évaluation, et la figure 5.3, résume l'application de notre proposition à l'évaluation des moteurs de recherche.

Chapitre 05 : Amélioration de l'Evaluation des SRI par la Considération du Contexte et de la Sémantique

```
Algorithme
    Déclaration   - R : la requête utilisateur
                  - G : le groupe de mot considéré = ''

    Pour chaque moteur de recherche Faire
        Pour chaque requête Faire
            Calculer le temps de réponse
                Pour chaque page web résultante Faire
                    Extraire l'ensemble des url de la page web
                        Pour url(i) = 1 à 20 Faire
                            Si url(i) = url(i+1)  Alors
                                Nbr Lien redondant ++
                            Fin Si
                        Fin Pour
                    Ouvrir la page correspondante a chaque url
                        Si le code d'erreur retourné est 'http 404' Alors
                            Nbr Liens mort ++
                        Fin Si
                        Pour j = 1 à length (R) Faire
                            Calculer la fréquence du mot(j dans la page résultante
                            Si fréquence (Mot) = 0 Alors
                                Nbr Page parasite ++
                            Fin Si
                        Fin Pour
                    Mettre à jours l'évaluation des performances
                    du moteur de recherche
                Fin Pour

                Pour k = 1 à length(R) Faire
                    G = G + Mot (k)
                    Appliquer la formule 1 pour le groupe de mot (G)
                Fin Pour
                    Mettre à jours l'évaluation des performances
                    du moteur de recherche
                Capturer le contexte statique
                Capturer le contexte dynamique
                Récupérer le jugement d'utilisateur
                    Mettre à jours l'évaluation par jugement utilisateur
        Fin Pour
    Fin Pour
Fin
```

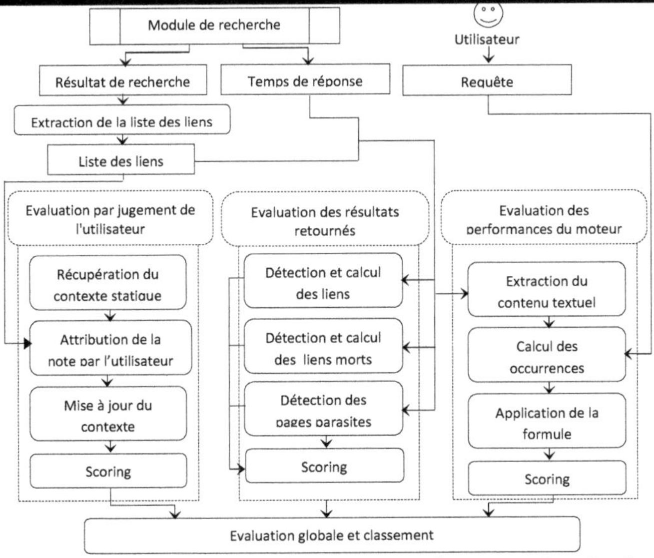

Figure 5.3 – *Synthèse de l'approche d'évaluation pour les moteurs de recherche*

2.6. Conclusion

Dans cette première contribution du chapitre, nous nous sommes intéressés à la proposition d'une nouvelle approche contextuelle pour l'évaluation des SRI. Notre contribution essentielle consiste en la prise en compte du contexte lors de l'évaluation, et cela à trois niveaux complémentaires : D'abord le contexte du système est considéré en estimant la capacité de l'outil de recherche à écarter les liens morts, les résultats redondants et les pages parasites. Dans un deuxième niveau, notre approche capitalise le contexte de la requête en se basant sur une formule incrémentale pour le calcul de la pertinence des résultats retournés par rapport à la requête émise. Le dernier niveau de l'approche prend en compte les jugements de l'utilisateur via son contexte statique et dynamique. Enfin une synthèse des trois niveaux d'évaluation contextuelle a été proposée.

L'application de l'approche proposée à l'évaluation des moteurs de recherche a permis de prouver son applicabilité à de vrais outils de recherche.

3. UNE NOUVELLE APPROCHE POUR L'EVALUATION SEMANTIQUE DES SRI SUR LE WEB

Dans cette deuxième partie du chapitre, nous proposons notre contribution pour l'évaluation sémantique des résultats retournés par les moteurs de recherche. L'idée consiste à définir un mécanisme pour générer un nouveau classement sémantique des résultats qui prend en compte les différents sens qui peuvent être portés par la requête utilisateur. À cet effet, nous utilisons l'ontologie WordNet pour identifier les différents sens d'une requête en rajoutant ainsi la dimension sémantique au processus d'évaluation. Cela est fait par la construction d'un 'vecteur sémantique' contenant l'ensemble des termes à pondérer et les concepts qui leurs sont sémantiquement liés. Le vecteur sémantique est utilisé par la suite en association avec le modèle vectoriel pour construire 'les vecteurs documents' et 'le vecteur requête' en se basant sur des coefficients calculés selon la formule de pondération 'Tf/Idf'. Ces deux vecteurs sont utilisés pour calculer le degré de similarité sémantique entre la requête et chacun des documents retournés par le moteur de recherche. Les classements par défaut proposés par les moteurs de recherche sont enfin comparés au nouveau classement sémantique généré par notre système et un score de pertinence sémantique est affecté à chaque moteur.

3.1. Nature et difficultés liées à la structure des données utilisées

Dans cette proposition, nous manipulons les réponses fournies par des moteurs de recherche sous forme de page web. La récupération des informations nécessaires au fonctionnement de notre système se fait par l'extraction du contenu de certaines balises. Il s'agit de celles jugées utiles pour calculer le degré de similarité sémantique entre la requête utilisateur et le contenu de chaque document. Nous donnons dans ce qui suit, un aperçu de la nature des informations utilisées tout en exposant les difficultés rencontrées lors de l'utilisation de ce genre de données, nous exposons également les choix que nous avons adoptés pour faire face à ces problèmes.

En effet, la norme *HTML* (HyperText Markup Language), développée par le World Wide Web Consortium ou W3C, permet à l'utilisateur de décrire les documents qu'il souhaite mettre en ligne sous forme textuelle. Ce langage hypertexte permet également à l'utilisateur d'insérer des liens vers tout autre document associé à une URL. Un document sous cette forme en HTML est communément appelé une page web. Par extension, un site web correspond à une arborescence de pages web ayant pour racine une page dite d'accueil et se trouvant sur un même serveur.

D'une manière générale, les principaux problèmes de l'évaluation automatique de la pertinence des pages Web sont liés à l'hétérogénéité et à la non fiabilité des sources d'informations sur Internet. Dans notre cadre de travail, nous nous sommes confrontés à des difficultés essentiellement liées à la diversité et la différence entre la structure des pages web. Deux types de problèmes sont à traiter :

- L'hétérogénéité des sources et des formats, souvent les pages web contiennent en plus des données textuelles, des images, du son, des séquences vidéo, voir même des programmes informatiques. Dans ce contexte, nous avons opté pour les contenus textuels d'une page. Le but est d'assurer une adéquation entre les contenus informationnels à évaluer et les ressources sur lesquelles est fondée notre proposition.
- Le mélange entre la structure logique et physique d'un document. En effet, le HTML ne distingue pas entre le fond et la forme des documents, ni entre les données utiles et celles de la mise en forme. En plus, la structure HTML se diffère d'une page web à une autre. Ce constat critique nous a obligé de définir un traitement spécifique adapté au format utilisé pour chacun des moteurs de recherche à évaluer.

3.2. Fondements de l'approche proposée

Nous présentons dans cette section les fondements théoriques sur lesquels se base notre proposition, il s'agit des caractéristiques guidant l'approche d'évaluation sémantique que nous proposons. Dans cette contribution nous nous intéressons plus précisément à l'évaluation sémantique des résultats retournés par les moteurs de recherche, à cet effet notre choix s'est fixé sur trois moteurs de recherche (Google, Bing et Yahoo). Ce choix est motivé par leur popularité dans la communauté Web d'une part et du degré de sélectivité qu'ils offrent d'une autre part. Notre système permet de :

- Récupérer les résultats retournés par les moteurs de recherche;
- Vérifier le contenu informationnel de chaque page retournée;
- Projeter la requête utilisateur sur une ressource linguistique, l'ontologie WordNet dans notre cas;
- Mesurer la pertinence des résultats en calculant le degré de pertinence de chacun d'entre eux ;
- Classer sémantiquement les résultats selon l'ordre de pertinence en se basant sur leur degré d'informativité;
- Affecter un score à chaque moteur de recherche en fonction de sa proposition dans le nouveau classement.

Ce système est fondé d'une part sur une ressource linguistique (l'ontologie WordNet) pour la projection sémantique de la requête et d'autre part, sur un modèle de calcul pour mesurer la pertinence 'document/requête' (le modèle vectoriel). Dans ce qui suit nous justifions nos choix en terme de la ressource linguistique choisie et du modèle de RI utilisé.

3.2.1. Choix du modèle de recherche d'information

Un modèle de RI, comme nous l'avons présenté dans le chapitre 1, a pour rôle de fournir une formalisation du processus de recherche d'information. La définition d'un modèle de recherche d'information conduit ainsi à la détermination d'un cadre théorique. C'est sur ce cadre théorique que se base la représentation des unités d'informations et la formalisation de la fonction de pertinence du système.

3.2.1.1. Rappel des modèles étudiés

Nous avons dressé, dans le chapitre 1, un panorama des modèles de recherche d'information les plus répandus. Nous rappelons les fondements de chacun d'entre eux afin de fixer par la suite notre choix sur le modèle qui s'adapte mieux avec notre proposition et nous justifierons ce choix. La figure 5.4, présente les trois modèle de RI que nous avons étudié dans le chapitre1.

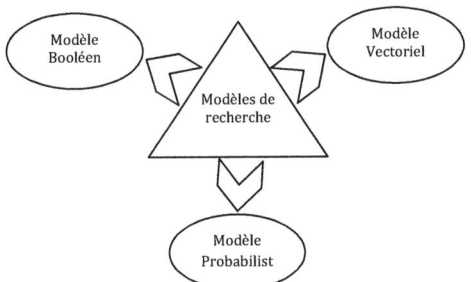

Figure 5.4– *Modèles de Recherche d'information*

Le modèle booléen repose sur la manipulation des mots clés. D'une part, un document est représenté par une conjonction de mots clés et d'autre part une requête (R) est représentée par une expression logique composée de mots connectés par des opérateurs booléens (ET, OU, SAUF). Le modèle booléen utilise le mode d'appariement exacte, il ne restitue que les documents répondant exactement à la requête. Ce modèle est très largement utilisé, aussi bien pour les bases de données bibliographiques que pour les moteurs de recherche.

Le modèle vectoriel préconise la représentation des requêtes utilisateurs et documents sous forme de vecteurs, dans l'espace engendré par tous les termes. De manière formelle, les documents et requêtes sont des vecteurs dans un espace vectoriel de dimension N et représentés comme suit :

$$D_j = (d_{j1} d_{j2} d_{jT}) \quad Q_k = (q_{k1} q_{k2} q_{kT})$$

Enfin, le modèle probabiliste, utilise un modèle mathématique fondé sur la théorie de la probabilité. De manière générale, le modèle probabiliste présente l'intérêt d'unifier les représentations des documents et concepts. Cependant, le modèle repose sur des hypothèses d'indépendance des variables non toujours vérifiées, ce qui entache les mesures de similitude d'imprécision.

3.2.1.2. Principes et motivations du modèle choisi

Dans l'approche d'évaluation sémantique que nous proposons, nous avons opté pour le modèle vectoriel, ce choix est principalement motivé par trois raisons: d'abord, l'uniformité de sa représentation « requête/document», puis l'ordre induit par la fonction de similitude qu'il utilise, et enfin les possibilités aisées qu'il offre pour ajuster les fonctions de pondération pour améliorer les résultats de la recherche.

Plus précisément dans notre cas, le modèle vectoriel est basé sur un vecteur sémantique composé de concepts plutôt que des termes. Ce vecteur sémantique est le résultat de la projection sémantique de la requête sur l'ontologie WordNet. Ce modèle nous a permis donc de construire « le vecteur requête» et « les vecteurs documents» à base des coefficients calculés à l'aide d'une fonction de pondération. Il était également la base pour mesurer la similarité entre le vecteur de la requête et ceux des documents en utilisant une fonction de calcul de similarité entre vecteurs. Le mécanisme de pondération des termes et les mesures de similarité utilisées en association avec ce modèle sont les suivants :

Pondération des termes : elle permet de mesurer l'importance d'un terme dans un document. Dans ce contexte, plusieurs techniques de pondération ont vu le jour, la plupart d'entre elles sont basées sur les facteurs « tf» et « idf», qui permettent de combiner les pondérations locale et globale d'un terme :

- tf (Term Frequency) : cette mesure est proportionnelle à la fréquence du terme dans le document (pondération locale). Elle peut être utilisée telle quelle ou selon plusieurs déclinaisons (log(tf), présence/absence,...).
- idf (Inverse of Document Frequency) : ce facteur mesure l'importance d'un terme dans toute la collection (pondération globale). Un terme qui apparaît souvent dans la base documentaire ne doit pas avoir le même impact qu'un terme moins fréquent. Il est généralement exprimé comme suit : log (N/df), où df est le nombre de documents contenant le terme et N est le nombre total de documents de la base documentaire.

La mesure « tf * idf» donne une bonne approximation de l'importance du terme dans le document, particulièrement dans les corpus de documents de taille homogène. Cependant, elle ne tient pas compte d'un aspect important du document : sa longueur. En général, les documents les plus longs ont tendance à utiliser les mêmes termes de façon répétée, ou à utiliser plus de termes pour décrire un sujet. Par conséquent, les fréquences des termes dans les documents seront plus élevées, et les similarités à la requête seront également plus grandes. Pour cette raison nous avons utilisé la formule normalisée suivante [Pruski, 09] :

$$\text{TF}_{Di} = \frac{\sum occ(w)}{\text{card } Di} \qquad (3.1)$$

Mesure de similarité : Deux mesures de similarité de chaque document par rapport à une même requête sont calculées par notre système, et cela à l'aide des deux mesures suivantes:

- La mesure de distance dans un espace vectoriel :

$$\text{Dist}(Q_k, D_j) = \sum_{i=1}^{T} |q_{ki} - d_{ji}| \tag{3.2}$$

- La mesure du cosinus décrite dans [Salton, 71] permet de mesurer la ressemblance des documents et de la requête.

$$- \text{RSV}(Q_k, D_j) = \frac{\sum_{i=1}^{T} q_{ki} d_{ji}}{\sqrt{\sum_{i=1}^{T} q_{ki}^2 \sum_{i=1}^{T} d_{ji}^2}} \tag{3.3}$$

- Cette mesure est aussi appelée la corrélation des documents D_j par rapport aux termes de la requête Q_k.

3.2.2. Choix de la ressource linguistique

3.2.2.1. Besoin d'ontologie

Les ontologies en tant que support pour la modélisation des SRI ont fait l'objet d'une étude dans le chapitre 2. D'une manière générale, l'apport des ontologies dans un SRI peut être appréhendé à trois niveaux :

- Au niveau du processus d'indexation des documents de la base documentaire : en s'associant à des techniques de traitement automatique du langage naturel, les documents de la base seront résumés puis reliés à des concepts de l'ontologie. Si cette étape s'est passée convenablement (processus de désambiguïsation performant), la recherche serait plus aisée par la suite. Ce principe a été déjà exploité dans notre deuxième contribution du chapitre précédent.
- Au niveau de la reformulation des requêtes pour améliorer les requêtes initiales des utilisateurs. Cet aspect a été également utilisé comme complément dans notre deuxième contribution du chapitre 4.
- Au niveau du processus du filtrage d'information, cet aspect fera l'objet de la contribution que nous présenterons dans cette section. L'idée est de faire appel à une ontologie pour rajouter la dimension sémantique au processus d'évaluation. Cela peut être fait par l'extraction des termes de la requête, puis leur projection sémantique (via l'ontologie) sur l'ensemble de documents retournés. Le résultat de cette projection est utilisé pour extraire les concepts relatifs à chaque terme et construire ainsi un vecteur sémantique sur lequel sera basé le classement des résultats. Ce vecteur sert principalement à la création du vecteur requêtes et des vecteurs documents utilisés par le modèle vectoriel que nous avons adopté.

3.2.2.2. Nature et motivations de l'ontologie choisie

Une ontologie est construite en général autour de deux niveaux d'abstractions : le *Top Level Ontology*, qui regroupe des catégories de concepts de haut niveau, et le *Basic Level Ontology*, qui représente un ensemble de concepts de la vie de tous les jours. De ce deuxième niveau d'abstraction sont dérivées des ontologies spécifiques de divers domaines, appelées ontologies de domaine, Les plus connues de ces ontologies sont : *Ontology Page, L'Ontologie méréologique, L'Ontologie Cyc, Le Generalized Upper Model, Sensus, EngMath,...etc.* Dans l'approche d'évaluation que nous proposons nous utilisons l'une d'entre elle.

Nous avons pensé, dans un premier temps, d'utiliser une ontologie du domaine médical ou celui de la géographie, et exploiter des collections de documents relatifs à ce même domaine. Cependant nous nous sommes rendu compte que ce genre d'ontologie est développé généralement par des entreprises pour leurs propres besoins. Au meilleur des cas, elles ne sont pas disponibles sur Internet. De plus, peu d'entre elles ont une composante terminologique (c'est-à-dire des termes associés aux concepts). Notre choix s'est donc orienté vers l'ontologie WordNet.

WordNet est un réseau lexical électronique développé depuis 1985 à l'université de Princeton par une équipe de psycholinguistes et de linguistes du laboratoire des sciences cognitives. L'avantage de WordNet réside dans la diversité des informations qu'elle contient (grande couverture de la langue anglaise, définition de chacun des sens, ensembles de synonymes, diverses relations sémantiques). En outre, WordNet est librement et gratuitement utilisable.

WordNet couvre la majorité des noms, verbes, adjectifs et adverbes de la langue Anglaise, qu'elle structure en un réseau de nœuds et de liens. Les nœuds sont constitués par des ensembles de termes synonymes (appelés *synsets*).Un terme peut être un mot simple ou une collocation (i.e. deux mots ou plusieurs mots reliés par des soulignés pour constituer le mot composé). Un exemple des synsets correspondant au mot «mouse» est donné dans la figure 5.5, de même le tableau 5.3, donne des statistiques sur le nombre de mots et de concepts dans WordNet dans sa version 3.0.

> **Noun**
> - S: (n) **mouse** (any of numerous small rodents typically resembling diminutive rats having pointed snouts and small ears on elongated bodies with slender usually hairless tails)
> - S: (n) shiner, black eye, **mouse** (a swollen bruise caused by a blow to the eye)
> - S: (n) **mouse** (person who is quiet or timid)
> - S: (n) mouse, computer mouse (a hand-operated electronic device that controls the coordinates of a cursor on your computer screen as you move it around on a pad; on the bottom of the device is a ball that rolls on the surface of the pad) *"a mouse takes much more room than a trackball"*
>
> **Verb**
> - S: (v) sneak, **mouse**, creep, pussyfoot (to go stealthily or furtively) *"..stead of sneaking around spying on the neighbor's house"*

Figure 5.5 – *Les concepts de WordNet correspondants au mot mouse*

Catégorie	Mots	Concepts	Total Paires Mot-Sens
Nom	117 798	82 115	146 312
Verbe	11 529	13 767	25 047
Adjectif	21 479	18 156	30 002
Adverbe	4 481	3 621	5 580
Total	155 287	117 659	206 941

Tableau 5.3 – Caractéristiques de l'ontologie *Wordnet 3.0*

Les concepts de WordNet sont reliés par des relations sémantiques. La relation de base entre les termes d'un même synset est la synonymie. Les différents synsets sont autrement liés par diverses relations sémantiques telles que la subsomption ou la relation d'hyponymie-hyperonymie, et la relation de composition méronymie-holonymie. Ces relations sont formellement définies comme suit:

1. La relation taxonomique (ou relation de subsomption), dite relation d'Hyperonymie/Hyponymie: X est un hyponyme de Y si X est un type de (kind of / is-a) Y. Y est alors dit hyperonyme de X.
   Exemple : {canine} a pour hyponymes {wolf, wild dog, dog} (selon la figure 3.4).

2. La relation d' Holonymie et son inverse la Méronymie :
   X est un méronyme de Y si X est une partie constituante (part of), substance de (substance of) ou membre (member of) de Y. Y est alors dit un homonyme de X.
   Exemple : {car} a pour méronymes {wheel, engine, …}

Enfin, la figure 5.6, donne un exemple de sous-hiérarchie de WordNet correspondant au concept «dog».

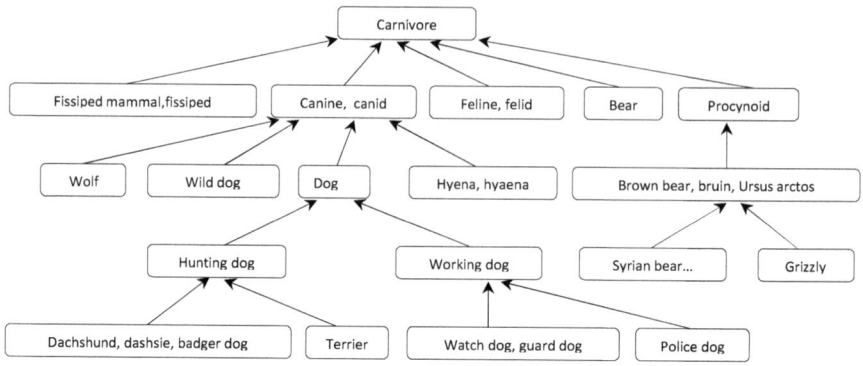

Figure 5.6 – *Sous hiérarchie de WordNet correspondant au concept "dog"*

3.3. Présentation de l'approche proposée

Dans le but d'assurer une modélisation cohérente de notre proposition, nous avons commencé par la création d'un certain nombre de modules où chacun d'eux assure une fonctionnalité distincte. Le regroupement de ces modules nous a permis par la suite de construire l'architecture générale du système. Ces modules sont étroitement liés entre eux dans le sens ou les sorties de chaque module sont les entrées du suivant.

La figure 5.7, présente les six modules composant notre approche pour l'évaluation sémantique ainsi que la connexion entre eux. Le processus d'évaluation se compose de deux grandes étapes, d'abord un classement sémantique des résultats retournés par les moteurs de recherche Google, Yahoo et bing, ce classement est dirigé par l'ontologie de domaine WordNet. Puis une comparaison du classement obtenu avec celui proposé par chacun des moteurs de recherche choisi. L'architecture générale résumant notre approche sera présentée à la fin de cette section une fois les différents modules sont illustrés.

Chapitre 05 :   Amélioration de l'Evaluation des SRI par la Considération du Contexte et de la Sémantique

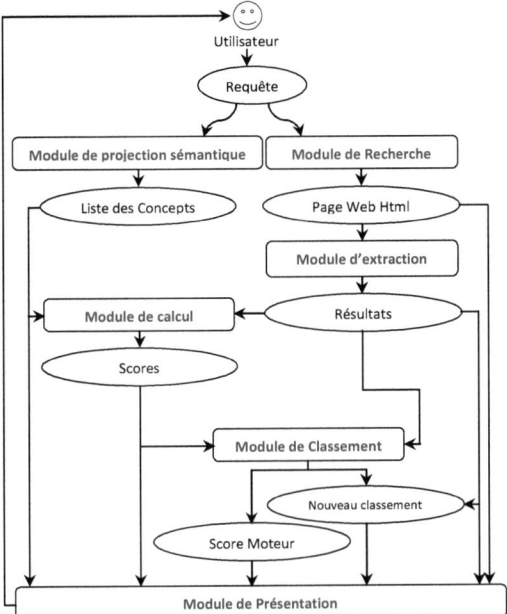

Figure 5.7 – *Lien entre les modules composant l'approche*

Nous présenterons dans ce qui suit ces différents modules, plus précisément nous allons décrire les entrées, les sorties et le principe de fonctionnement de chacun d'entre eux.

3.3.1. Module de Recherche

Afin de matérialiser notre proposition pour l'évaluation sémantique des résultats retournés suite à une recherche sur le web, notre choix s'est fixé sur les trois moteurs de recherche (Google, Yahoo et Bing), qui représentent aujourd'hui, les outils de recherche les plus utilisés par la communauté Web. Une étude comparative réalisée en 2009 par le cabinet Comscore a montrée que l'utilisation de ces trois moteurs de recherche se répartit de la façon suivante :

- Google, environ 60 % des 61 milliards de recherches sur internet.
- Yahoo, 8,5 milliards de recherches, soit 14 % du total.
- Bing, remplaçant de Live Search de Microsoft, avec 2,1 milliards de recherches, soit 3,4 % du total.

Dans l'approche que nous proposons, le module de recherche transmet la requête utilisateur aux moteurs de recherche Google, Bing et Yahoo et récupère les 20 premières réponses retournées par chacun d'entre eux. Cet ensemble de résultats représente le contenu informationnel qui sera évalué par notre approche. Le choix des

20 premiers résultats est justifié par le fait que ces derniers représentent les liens qui sont généralement visités par l'utilisateur sur l'ensemble des résultats retourné. Ils sont donc ceux qui contiennent les réponses les plus pertinentes. Néanmoins, nous signalons dans ce contexte, que ce nombre peut être élargi pour couvrir touts les résultats retournés. La conséquence est que le temps de traitement sera, logiquement, plus long dans ce cas. La figure 5.8, présente le module de recherche.

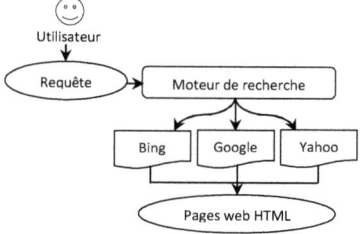

Figure 5.8 – *Module de Recherche*

3.3.2. Module d'extraction d'information

Ce module prend en charge l'extraction du contenu informationnel des pages web retournées par le module de recherche. Il s'agit essentiellement de récupérer l'information contenue dans les balises HTML décrivant respectivement le titre, le résumé et l'URL de chaque résultat. Ce traitement est réalisé pour les deux premières pages contenants les 20 résultats retournés par chacun des trois moteurs de recherche.

En effet, la page des résultats retournés par un moteur de recherche, dans son état brut, contiennent des balises HTML de mise en forme et de représentation, ces dernières n'apportent pas d'informations utiles, et elles ne doivent donc pas être considérées lors de l'évaluation. Dans ce contexte, nous procédons à l'épuration des pages html résultantes avant de récupérer les URL des pages à visiter qui sont donc ceux à évaluer.

La différence dans la structure et le format utilisé par chacun des trois moteurs de recherche nous a obligé d'implémenter un parseur HTML pour chacun d'entre eux afin d'adapter le mécanisme d'épuration et celui de récupération à la structure que le moteur utilise.

Une fois l'opération d'épuration terminée, la page correspondante à chaque lien est ouverte et son contenu est traité pour préparer les données à l'évaluation. Ce traitement est assuré par le module d'extraction, et il consiste à :

- Parsing du code HTML de la page ouverte à partir de l'URL considéré.

- Traitement des balises HTML : le code de la page (son contenu en information) doit être traité de façon à ne récupérer que le contenu qui se trouve derrière les balises jugées utiles dans notre cas.

La figure 5.9, présente le module d'extraction.

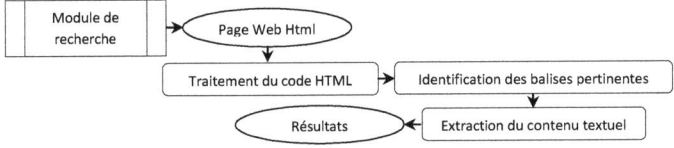

Figure 5.9 – *Module d'extraction*

3.3.3. Module de projection sémantique

Afin de prendre en compte la sémantique lors de l'évaluation, et donc lors de la génération du nouveau classement et sa comparaison avec les classements par défaut des moteurs de recherche, nous associons à chaque terme de la requête l'ensemble des mots qui lui sont sémantiquement lié. L'idée est de projeter les termes de la requête sur les concepts de l'ontologie en utilisant les deux relations sémantiques : 'synonymie' et 'hypernonymie' pour extraire les différents sens de la requête. Par la suite l'ensemble des concepts récupérés pour chaque terme sont utilisé en conjonction avec le terme lui même lors de la pondération par le module de calcul. L'objectif est de favoriser un document qui contient des mots sémantiquement proches à ce que l'utilisateur cherche, même si ces mots n'existent pas comme termes dans la requête.

Nous utilisons, à cet effet, l'ontologie WordNet selon le principe suivant : au départ nous accédons à la partie de l'ontologie contenant les concepts et les relations sémantiques, ces derniers sont utilisés pour récupérer touts les synsets relatifs à chacun des termes de la requête. Ces synsets sont enfin utilisés pour la construction du vecteur sémantique qui contient pour chaque terme de la requête, les synonymes et les hypernyms appropriés. La figure 5.10, illustre le fonctionnement du module de projection sémantique

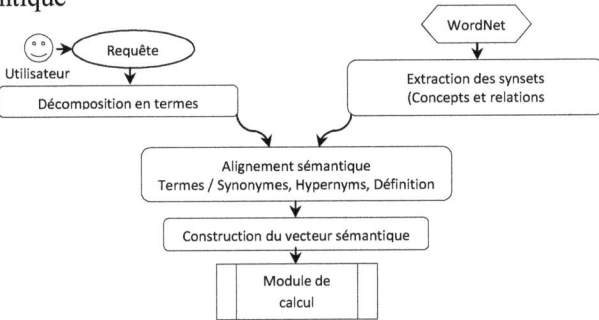

Figure 5.10 – *Module de projection sémantique*

3.3.4. Module de calcul

Une fois les contenus textuels et le vecteur sémantique sont construits, respectivement, par le module d'extraction et celui de projection sémantique, le module de calcul procède à la construction des vecteurs documents et du vecteur requête à base des coefficients calculés à l'aide de la fonction de pondération appropriée (formule 3.1). Le module de calcul mesure par la suite la similarité entre ces deux vecteurs en utilisant les fonctions de calcul de similarité entre vecteurs (formule 3.2 et 3.3). Le fonctionnement de ce module est réalisé donc en deux étapes :

a. Pondération des termes

Cette étape tient compte du poids des termes dans les documents, elle se déroule comme suit :

- Un coefficient d_{ij} du vecteur document D_j mesure le poids du terme i dans le document j, selon la formule (3.1) : $$TF_{Di} = \frac{\sum occ(w)}{card\ Di}.$$

- Un coefficient qi du vecteur requête Q mesure le poids du terme i dans tous les documents.

b. Appariement « document/requête »

La comparaison entre le vecteur document et le vecteur requête revient à calculer un score qui représente la pertinence du document vis-à-vis de la requête. Cette valeur est calculée en se basant sur la formule de distance (3.2) et la formule de corrélation (3.3).

La fonction d'appariement est très étroitement liée à la pondération des termes de la requête et des documents à évaluer.

La figure 5.11 présente le module de calcul.

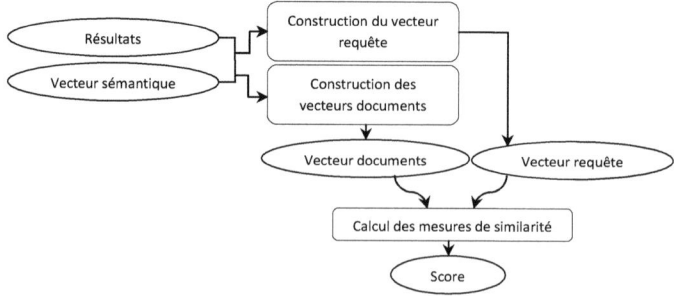

Figure 5.11 *– Module de Calcul*

3.3.5. Module de Classement

Le rôle de la fonction de similarité est d'ordonner les documents avant de les renvoyés à l'utilisateur. En effet, l'utilisateur se contente généralement d'examiner les premiers documents retournés. Par conséquent, si les documents attendus ne sont pas présents dans cette tranche de résultats, l'utilisateur considérera le moteur de recherche comme mauvais par rapport à son besoin en information, et les résultats qu'il retourne seront donc considérés comme non pertinents. Dans ce contexte, le rôle du module de classement est de finaliser le processus d'évaluation sémantique en rapprochant la pertinence système de la pertinence utilisateur.

A cette étape du processus d'évaluation, chaque document est décrit par deux valeurs de similarité générées par le module de calcul. En se basant sur la distance entre le vecteur document et celui de la requête, le module de classement procède à l'ordonnancement des résultats de façon à ce que le document ayant la plus faible valeur de distance, et donc la pertinence la plus élevée, sera classé premier jusqu'à ce que tous les résultats soient correctement arrangés.

Ce module prend également en charge la mesure de la pertinence de l'outil de recherche lui-même. Cela est fait en affectant à chacun des trois moteurs de recherche (Google, Yahoo et Bing) un score de pertinence. Ce score est calculé en comparant le classement des résultats produits par chaque moteur par rapport au nouveau classement sémantique généré par notre approche. La figure 5.12, donne le schéma du module de classement.

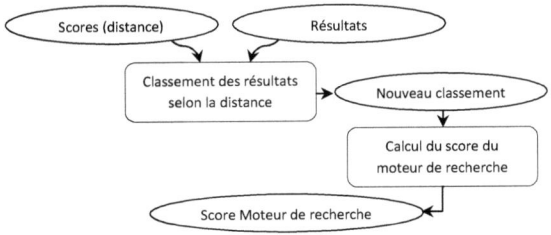

Figure 5.12 – Module de Classement

3.3.6. Module de présentation

Les résultats d'un moteur de recherche se présentent généralement sous la forme d'une liste de liens accompagnés d'un titre et d'un résumé décrivant le contenu de chaque page. Ces résultats, avant d'être présentés à l'utilisateur, doivent être ordonnés en fonction du score de pertinence attribué par les algorithmes propres à chaque moteur de recherche.

Dans l'approche que nous proposons, et afin de respecter ce principe généralement utilisé pour afficher les résultats d'une recherche, le module de présentation prend en charge la partie affichage une fois que les résultats sont traités. Plus précisément, ce module présente le compte rendu d'une session de recherche de la façon suivante :

- L'ensemble des résultats répondant à une requête, où chaque résultat est représenté par un triplet (titre, résumé, URL). Ces résultats sont classés sémantiquement selon le principe de l'approche que nous proposons.
- Le score de pertinence sémantique associe à chaque résultat.
- L'ensemble des concepts liés à chaque terme de la requête, ces concepts sont récupérés de l'ontologie WordNet et présentés sous forme d'une arborescence.

La figure 5.13, illustre le module de présentation.

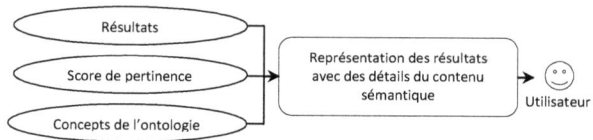

Figure 5.13 – *Module de présentation*

3.3.7. Architecture générale

Notre proposition s'articule autours des modules précédemment présentés, leur regroupement nous a permis de définir l'architecture générale d'un système de classement sémantique des résultats retournés par les moteurs de recherche. La figure 5.14, présente la manière dont les différents modules sont connectés pour définir l'architecture générale décrivant notre approche.

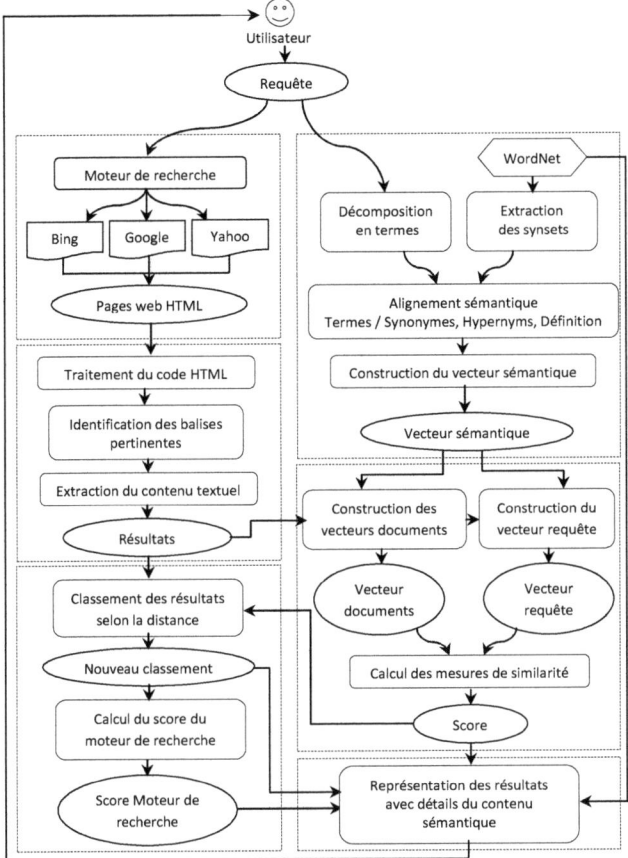

Figure 5.14 – *Architecture générale du système*

3.4. Conclusion

Nous avons présenté dans cette deuxième partie du chapitre notre contribution pour l'évaluation sémantique à base d'ontologie des résultats retournés par les moteurs de recherche. Cette approche n'est pas spécifique à un type précis d'outil de recherche, elle est plutôt générique du fait que l'ontologie que nous avons utilisée n'est pas spécifique à un domaine particulier.

La structuration de l'approche proposée en un ensemble de modules vise à définir une architecture modulaire et adaptable dans le sens où, toute adaptation ou modification au niveau d'un module n'affecte pas le fonctionnement des autres modules. Notre proposition s'articule autour de six modules qui assurent les fonctionnalités suivantes : d'abord, la récupération des pages web contenant les réponses des moteurs de recherche, puis l'extraction des informations qui vont être évaluées. Par la suite il s'agit de projeter les termes de la requête sur les concepts de l'ontologie. L'évaluation en elle-même consiste à construire les vecteurs documents et le vecteur requête afin de générer un classement sémantique des résultats retournés par les moteurs de recherche selon les fonctions de similarité utilisées. Enfin les résultats de l'évaluation sont présentés à l'utilisateur.

4. CONCLUSION

L'évaluation des systèmes de recherche d'information est un thème de recherche important en sciences de l'information. Elle peut porter sur plusieurs critères : le temps de réponse, la pertinence, la qualité et la présentation des résultats, etc. Le critère le plus important est celui qui mesure la capacité du système à satisfaire le besoin d'information d'un utilisateur, c'est-à-dire la pertinence des résultats.

Dans ce chapitre nous avons présenté deux contributions visant à améliorer le processus d'évaluation des SRI : la première piste que nous avons explorée repose sur l'utilisation du contexte à trois niveaux complémentaires lors de l'évaluation. Elle constitue ainsi une continuation de notre première contribution du chapitre 4 sur la contextualisation de la RI. La deuxième piste que nous avons explorée se base sur la sémantique, elle fait appel à l'ontologie WordNet et au modèle vectoriel pour proposer un classement sémantique des résultats retournés par les moteurs de recherche. Elle peut être également comme une continuation de notre deuxième contribution du chapitre 4 sur la recherche sémantique d'information.

Enfin nous visons dans le cadre de nos travaux futurs, de combiner les deux propositions en une seule approche qui prend en compte à la fois la sémantique et le contexte dans l'évaluation des SRI. Il sera donc nécessaire de dresser une comparaison entre les deux propositions actuelles en tirant, pour chaque étape du processus d'évaluation, le principe de l'approche qui donne le meilleur résultat. La comparaison sera par exemple faite en termes du temps de réponse et de la satisfaction des utilisateurs. Enfin la combinaison des parties retenues de chaque approche donnera naissance à une nouvelle approche hybride qui utilise conjointement le contexte et la sémantique pour l'évaluation des SRI sur le web

Chapitre 6
Expérimentations des différentes approches proposées

Chapitre 6

Expérimentations des Différentes Approches Proposées

1. Introduction	147
2. Expérience de l'outil 'PRESY'	148
2.1. Méthode utilisée	148
2.2. Résultats et discussion	148
3. Expérimentation de l'outil 'AnimSe Finder'	149
3.1. Métriques utilisées	149
3.2. Caractéristiques de la collection de test et méthode d'évaluation	150
3.2.1. La base documentaire	150
3.2.2. Les référentiels	150
3.2.3 Fonctionnement	151
3.3. Résultats et discussion	151
4. Expérimentation de l'approche d'évaluation contextuelle	152
4.1. Protocole utilisé	152
4.2. Performance des moteurs de recherche	152
4.2.1. Analyse des résultats pour les liens morts	153
4.2.2. Analyse des résultats pour les pages parasites	153
4.2.3 Analyse des résultats pour les résultats redondants	153
4.2.4. Analyse des résultats pour le temps moyen de réponse	154
4.3. Pertinence par jugement de l'utilisateur	154
4.4. Pertinence des résultats par rapport à la requête	155
5. Expérimentation de l'approche d'évaluation sémantique	156
5.1. Méthode utilisée	156
5.2. Résultats et discussion	157
5.2.1. Performances générales	157
5.2.2. Performances par critère	158
6. Conclusion	159

1. INTRODUCTION

Nous présentons dans ce dernier chapitre, l'ensemble des expérimentations que nous avons mené durant ce travail. L'objectif de ces expérimentations était double : d'abord, prouver l'applicabilité des différentes approches proposées, puis de comparer, tester et valider chacune de nos contributions.

A cet effet, nous avons confronté nos propositions à de vrais systèmes de recherche qui sont essentiellement les moteurs de recherche Google, Yahoo et Bing. Le choix de ces moteurs est motivé par le fait que nous nous intéressons à l'amélioration de la recherche d'information sur le Web. Pour chaque expérience réalisée nous avons fait appel à une méthode ou un protocole différent selon la nature de la contribution à expérimenter. Enfin dans certaines situations expérimentales, nous avons utilisé nos propres outils de recherche qui capitalisent les fondements de nos propositions, à savoir l'utilisation du contexte et des ontologies, mais les résultats à tester ont été toujours ceux proposés par les trois moteurs de recherche.

Au total, nous avons mené quatre (04) types d'expérimentations, en concordance avec nos quatre contributions :

- Une expérimentation qui vise à mesurer l'apport de notre proposition pour la reformulation contextuelle des requêtes sur la pertinence des résultats retournés par les moteurs de recherche, il s'agit de valider l'outil PRESY.
- Une expérimentation pour mesurer l'apport de notre contribution pour l'indexation sémantique et de la reformulation à base d'ontologies sur la pertinence de la recherche sur un corpus fermé. Il s'agit de valider l'outil AnimSe Finder.
- Une expérimentation visant à tester l'approche proposée pour la prise en compte du contexte pour l'évaluation des moteurs de recherche sur le Web.
- Enfin, une expérimentation pour valider notre approche pour l'évaluation sémantique des résultats retournés par les moteurs de recherche.

Ce chapitre est organisé en quatre parties, chacune d'elle présente l'une des quatre expérimentations réalisées. Nous commençons par présenter l'expérimentation de l'outil 'PRESY', puis celle de l'outil 'AnimSe Finder'. Nous décrivons par la suite les expérimentations relatives respectivement à l'approche d'évaluation contextuelle et à celle basé sur les ontologies. Nous illustrons plus précisément pour chaque partie le protocole utilisé durant l'expérimentation, Enfin, nous discutons les résultats obtenus.

2. EXPERIENCE DE L'OUTIL PRESY

2.1. Méthode utilisée

Le but est d'évaluer la qualité de l'outil PRESY et donc de mesurer l'apport de la reformulation contextuelle des requêtes sur la qualité des résultats retournés par les moteurs de recherche. À cet effet, nous avons exécuté la même série de 15 requêtes, à la fois sur Google, Yahoo et Bing. Ces requêtes étaient composées de 10 scénarios simples couvrant l'éventail des besoins courants d'un internaute (elles concernaient des demandes simples sur des thématiques voyage, consommation, actualité, culture générale et patrimoine), et de 5 scénarios complexes (mot rare ou recherche fine). A chaque fois, les dix premiers résultats affichés ont été examinés et évalués dans les deux cas de recherche, avec et sans reformulation.

Nous avons évalué les performances du système en fonction de la pertinence des 10 premiers résultats selon les trois critères suivants :

- Critère 01 : la pertinence des trois premiers résultats

- Critère 02 : la pertinence des sept derniers résultats

- Critère 03 : le taux de résultats redondants (ou provenant du même site)

Chaque critère a été noté sur 10. Chaque requête a obtenue une note globale sur 30 (3 critères notés sur 10). Chaque moteur de recherche a obtenu, dans les deux cas de recherche, avec et sans reformulation, une note sur 450 points (30 x 15 scénarios) ramenée à une note sur 10.

2.2. Résultats et discussion

Le tableau 6.1 présente les résultats de cette expérimentation et la figure 6.1, donne une illustration graphique des résultats obtenus.

Moteur de recherche	Google		Yahoo		Bing	
Reformulation	Sans	Avec	Sans	Avec	Sans	Avec
Critère 01	6,62	7,69	5,78	6,11	3,38	4,23
Critère 02	5,60	6,77	4,92	4,18	3,94	4,87
Critère 03	7,40	8,19	7,56	8,55	5,54	6,22

Tableau 6.1 – *Apport de la reformulation contextuelle sur les trois moteurs de recherche*

Chapitre 06 :   *Expérimentations des Différentes Approches Proposées*

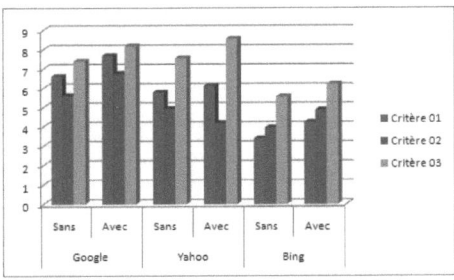

Figure 6.1 – *Résultats de l'expérimentation*

Les résultats obtenus montrent que sur la seule pertinence des trois premiers résultats et pour les trois moteurs de recherche, la recherche avec reformulation donne un score plus élevé que celui obtenu sans reformulation. Nous remarquons également que Google arrive en tête avec une amélioration de 1,07 point de plus quand la requête est reformulée

Sur la pertinence des sept derniers résultats les deux moteurs de recherche Google et Bing s'adapte bien a notre système de reformulation en donnant un score plus élevé avec l'utilisation d'une requête reformulée, ce score augmente de 1,17 point dans le cas de Google et de 0,68 dans le cas de Bing. A l'opposé, la reformulation de la requête diminue le score de pertinence dans le cas du moteur de recherche Yahoo de -0,24. Cette diminution s'explique par le fait que l'algorithme de recherche utilisé par Yahoo fonctionne mieux avec une requête contenant un nombre réduit de mots clés.

Enfin, et en ce qui concerne les résultats les moins redondants, les trois moteurs de recherche ont obtenus une note plus élevée après reformulation de la requête. L'écart entre une recherche sans reformulation et avec reformulation est respectivement de 0,79 dans le cas de Google, 0,99 dans le cas de Yahoo et 0,69 dans le cas de Bing.

3. EXPERIMENTATION DE L'OUTIL 'ANIMSE FINDER'

Afin de mettre à l'épreuve les performances de l'outil 'AnimSe Finder', nous avons mené une expérimentation qui vise à comprendre et mesurer l'apport de la prise en compte de la sémantique via les ontologies dans les processus d'indexation et celui de la reformulation des requêtes.

3.1. Métriques utilisées

L'évaluation a été faite en se basant sur les métriques généralement utilisées dans le domaine de la recherche d'informations et celui du traitement automatique du langage naturel. Ces métriques sont : la précision, le rappel et la F-mesure, elles sont calculées de la manière suivante :

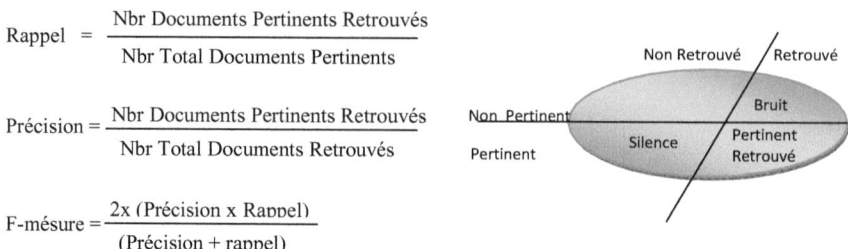

3.2. Caractéristiques de la collection de test et méthode d'évaluation

Le protocole d'évaluation que nous avons utilisé se rapproche de la façon dont les chercheurs utilisent les bibliothèques, où la collection est connue mais les questions susceptibles d'être posées ne le sont pas. Cette méthode d'évaluation, surtout lorsque la requête est courte (2 ou 3 mots), ressemble beaucoup à la recherche d'informations sur le Web. Mais les documents ne sont précisément pas des pages Web et nous restons dans une collection fermée. L'évaluation en elle-même repose sur quatre éléments : un corpus de documents (base documentaire), un corpus de requêtes, des jugements de pertinence (référentiels) indiquant que tel document est pertinent pour telle requête, et des métriques d'évaluation (rappel, précision et F-mesure).

3.2.1. La base documentaire

La collection de tests utilisée a été créée a partir du Web et des encyclopédies en choisissant arbitrairement des documents relatifs du monde des animaux. Ces documents sont sélectionnés selon deux critères : leur accessibilité et leur diversité (styles d'écriture, vocabulaire utilisé, longueur des textes, etc.). La base documentaire comporte 13000 documents textuels. L'avantage de ce corpus de documents est qu'il est constitué de ressources fiables.

3.2.2. Les référentiels

Les référentiels de réponses justes sont constitués de la façon suivante, pour chaque requête, tous les documents potentiellement pertinents sont rassemblés dans 'un groupe de pertinence', nous avons contrôlé la pertinence de chaque document par rapport à la requête lors de la construction des référentiels.

Le tableau 6.2, résume les caractéristiques de la collection de tests utilisée pour l'évaluation des performances de l'outil 'AnimSe Finder'.

Catégorie	Nombre
Nombre total de documents	13000
Nombre de requêtes	25
Nombre moyen de documents pertinents par requête	220

Tableau 6.2 – *Caractéristiques de la collection de test*

3.2.3. Fonctionnement

En utilisant la base documentaire décrite précédemment, le système procède à l'indexation sémantique de l'ensemble des documents. Il prend en entrée un ensemble de 25 requêtes en langage naturel soumises par des usagers. Ces derniers ont comme rôle de juger si les documents retrouvés dans les deux cas de recherche (sémantique et classique) sont pertinents ou non par rapport à la requête. Les documents retournés dans les deux cas de recherche ont été classés par ordre de pertinence, pour chaque requête. Ils ont été enfin soumis à l'évaluation selon le protocole décrit précédemment.

3.3. Résultats et discussion

Les résultats obtenus sont présenté dans le tableau 6.3.

Type de recherche	Rappel (%)	Précision (%)	F-Mesure
Sémantique	91.18	88.37	0.792
Classique	78.12	72.24	0.687

Tableau 6.3 – *Résultats de l'évaluation*

Les scores obtenus montrent que le taux du rappel est plus élevé dans le cas d'une recherche guidée par l'ontologie. L'apport de l'indexation sémantique et de la reformulation de la requête à produit un gain de 13,06 par rapport à la recherche classique. Ce taux est considéré comme un 'silence' correspondant à des documents pertinents qui n'ont pas été retournés avec une recherche classique. Cet écart en terme de rappel s'explique par la forte adéquation entre les termes qui ont été rajoutés à la requête et le contenu informationnel des documents retournés.

En termes de précision, les scores montrent également que la recherche sémantique présente une amélioration de 16.13 par rapport à la recherche classique. Ce taux élevé de 88,37 signifie que peu de documents inutiles sont proposés par l'outil 'AnimSe Finder' et que ce dernier peut être considéré comme "précis". En revanche, la perte de 16.13 dans le cas de la recherche classique corresponds à des documents retournés superflus ou non pertinents constituent un 'bruit'

Enfin ces résultats sont confirmés par la F-Mesure qui combine la précision et le rappel et leur pondération.

4. EXPERIMENTATION DE L'APPROCHE D'EVALUATION CONTEXTUELLE

4.1. Protocole utilisé

L'évaluation a été réalisée avec l'aide de 24 étudiants de la deuxième année licence STIC (Sciences et Technologies de l'Information et de la Communication) à l'Université de Mentouri Constantine, jouant le rôle d'utilisateurs. Le but n'était pas de faire une évaluation par des experts, mais par un public de base, raisonnablement éduqué et familié des moteurs de recherche. 06 thèmes ont été choisis, de façon à refléter des domaines d'utilisation très divers. Ces thèmes sont : Actualités, Animaux, Cinéma, Santé, Sports et Voyages. Chaque thème a été attribué à un groupe de 4 étudiants qui choisissait librement 5 requêtes. Par exemple, pour le thème sport, les requêtes choisies ont été les suivantes :

- Coupe du monde 2010.
- Joueurs de football célèbre
- Tours de France de cyclisme
- Voitures de course formule 1
- Tournoi Roland-Garros.

Les requêtes ont été soumises aux différents moteurs et les deux premières pages contenant les 20 résultats ont été archivées pour chaque requête et chaque moteur. Au total, 1800 URL ont été récupérés (6 thèmes x 5 requêtes x 3 moteurs x 20 résultats) et organiser sous forme de triplet (requête, url, contenu de la page). Enfin l'ensemble de triplets a été communiqué au système pour l'analyse et l'évaluation.

4.2. Performance des moteurs de recherche (contexte du système)

Moteur de recherche	Performances du moteur			
	Liens morts	Pages parasites	Résultats redondants	Temps moyen de réponse
Google	2,03%	5,30 %	4,04%	0,17 Sec
Yahoo	2,13%	10,19 %	4,81%	0,21 Sec
Bing	1,67%	8,64 %	5,32%	0,22 Sec

Tableau 6.4 – *Evaluation de la performance des moteurs de recherche*

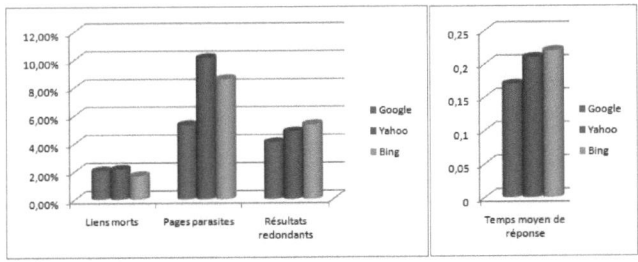

Figure 6.2 – Evaluation de la performance des moteurs de recherche

4.2.1. Analyse des résultats pour les liens morts

Le taux de liens morts est faible, ceci s'explique d'une part par le fait que la procédure automatique utilisée faisait jusqu'à trois tentatives espacées par un délai de quelques minutes en cas d'échec et d'autre part par le fait qu'un certain nombre de serveurs ne retournent pas le code d'erreur 404 (« Page not found ») lorsque la page n'existe plus, mais une page HTML normale porteuse d'un message ad hoc, qui ne peut être interprétée comme erreur que par un lecteur humain. On notera également que 71% des liens morts retournés par Yahoo et 79% de ceux retournés par Google sont causés par le site Amazon qui, pour une raison indéterminée, renvoyait un code d'erreur lors de l'expérience. Enfin Bing a obtenu le meilleur score avec seulement 1,67% de liens morts.

4.2.2. Analyse des résultats pour les pages parasites

Ont été considérés comme parasites les liens renvoyant vers les sites commerciaux proposant des achats ou transactions en ligne. Le score obtenu était variable selon les moteurs et on s'aperçoit que ces derniers ont des stratégies différentes pour écarter les liens parasites. Parmi les sites commerciaux qui apparaissent plusieurs fois, on remarque deux sociétés : Amazon et E-Bay. Leur association avec les différents moteurs est intéressante à étudier. Google et Yahoo sont fortement associés à Amazon, tandis que Bing préfère Ebay. Globalement, c'est Google qui renvoie le moins de liens vers des sites commerciaux avec 5,30%.

4.2.3 Analyse des résultats pour les résultats redondants

Nous constatons que la capacité des trois moteurs de recherche à écarter les résultats redondants variés selon le type de requête. Les résultats ont montré également que la majorité des liens redondants retournés par Google et Yahoo proviennent de l'utilisation de Wikipedia. Sur l'ensemble des 20 résultats analysés, Google retournait 4,04% de liens redondants dont 80% provenant de Wikipedia et Yahoo 4,81% dont 78%

provenant de Wikipedia. Les résultats ont montré également que certain site proposent un type de lien nommé Alias pour éviter les liens redondants. Un lien de type Alias est une copie du lien principal, possédant la même URL, mais il n'est pas considéré par les moteurs de recherche comme une tentative d'indexer abusivement un contenu.

4.2.4. Analyse des résultats pour le temps moyen de réponse

Ce critère mesure le temps consommé par le moteur de recherche depuis l'émission de la requête jusqu'à l'affichage des résultats, il dépend fortement du débit de la connexion internet et de la puissance de la machine. Pour assurer une homogénéité lors du calcul du temps de réponse, l'ensemble de requêtes on été testées sur une même machine avec le même débit de connexion internet. Les résultats obtenus montrent que le temps moyen de réponse est presque identique dans les trois moteurs de recherche, néanmoins nous constatons que Google top la liste avec une vitesse moyenne de 0,17 secondes, cela peut être expliqué par la puissance de l'algorithme pagerank utilisé par ce moteur.

4.3. Pertinence par jugement de l'utilisateur (contexte de l'utilisateur)

Nous nous sommes intéressé au jugement de pertinence donné par l'utilisateur pour le 1er résultat retournée par chaque moteur de recherche (P@1). Ce dernier a une importance particulière, puisque c'est le lien le plus cliqué par les internautes. Les 24 étudiants ont également exprimé leurs jugements de pertinence pour les 5, 10, 15 et 20 premiers documents retrouvés (P@5, P@10, P@10, P@15, P@20). A chaque niveau de pertinence, une note de 0 à 5 a été attribuée par chaque étudiant. 0 correspondant à un document totalement inutile ou hors-thème, 5 correspondant à un document répondant de façon parfaite à la question posée.

Niveau de pertinence	Moteur de recherche		
	Google	Yahoo	Bing
P@01	3,15	2,92	2,70
P@05	2,79	2,14	2,58
P@10	2,34	2,51	2,16
P@15	2,00	1,83	1,72
P@20	1,91	1,77	1,69

Tableau 6.5 – *Evaluation de la pertinence par jugement de l'utilisateur*

Les notes globales obtenues par chaque moteur de recherche pour l'ensemble de 20 résultats sont extrêmement basses, puisqu'aucun moteur n'atteint la note moyenne de 2,5 au niveau P@20. Le moteur obtenant la meilleure note de 1,91 est Google. La situation est remarquablement meilleure si l'on ne considère que le premier résultat P@1, les trois moteurs de recherche dépassent alors la moyenne.

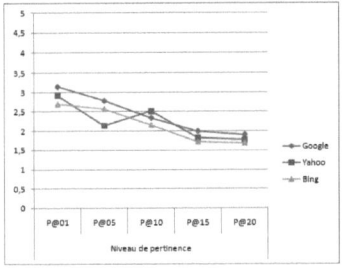

Figure 6.3 – *Evaluation de la pertinence par jugement de l'utilisateur*

La figure 6.3, représente la note moyenne en fonction du niveau de pertinence des résultats pour chaque moteur. On constate une baisse générale de pertinence perçue en fonction du nombre de résultats considérés, sauf pour Yahoo, qui remonte à la moyenne quand on considère la pertinence des 10 premiers résultats P@10, ce qui laisse penser que l'algorithme de classement n'est pas optimal pour ce moteur, ou que le résultat est perturbé par l'interclassement de sites commerciaux.

4.4. Pertinence des résultats par rapport à la requête (contexte de la requête)

En utilisant la formule développée, nous avons calculé la pertinence des 20 premiers résultats retournés par rapport à chacune des 30 requêtes, et cela pour les trois moteurs de recherche. Une moyenne des scores pour chaque groupe de 5 requêtes appartenant au même thème a été calculée et la note obtenue a été ramenée et arrondie à une note sur 10. L'ensemble des résultats sont résumés dans le tableau 6.6.

Catégorie de requêtes		Moteur de recherche		
		Google	Yahoo	Bing
Actualité	R_{01} à R_{05}	6,91	6,77	6,19
Animaux	R_{06} à R_{10}	5,25	6,13	5,87
Cinéma	R_{11} à R_{15}	5,72	5,13	5,67
Santé	R_{16} à R_{20}	4,98	4,83	4,66
Sports	R_{21} à R_{25}	5,93	5,89	5,16
Voyages	R_{26} à R_{30}	6,19	6,09	6,10

Table 6.6 – *Evaluation des résultats par rapport à la requête*

Chapitre 06 :　　　　　　　　　　　　Expérimentations des Différentes Approches Proposées

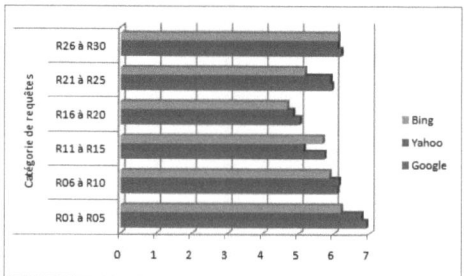

Figure 6.4 – *Evaluation des résultats par rapport à la requête*

L'analyse des résultats obtenus montre que le moteur de recherche Google se classe premier en termes de pertinence des résultats par rapport à la requête, et cela pour 5 catégories de requête sur les 6 catégories disponibles. Ce constat peut s'explique par une concordance possible ou une complicité non voulue entre la formule que nous avons proposée et le mécanisme utilisé par Google pour le classement des résultats. On note également que pour la catégorie 'santé' les scores obtenus sont au-dessous de la moyenne pour les trois moteurs de recherche, cela est dû au fait que les requêtes de cette catégorie contiennent peu de mots, chose qui diminue les mots pour lesquels on calcule le nombre d'occurrence et affaiblisse le score finale.

5. EXPERIMENTATION DE L'APPROCHE DE L'EVALUATION SEMANTIQUE

5.1. Méthode utilisée

L'objectif de cette expérimentation est de mesurer l'apport de la prise en compte de la sémantique dans le classement des résultats retournés par les moteurs de recherche. L'idée consiste à classer les résultats selon deux manières différentes : un premier classement par défaut tel qu'il a été proposé par le moteur de recherche que nous appelons *'classement classique'*, et un deuxième classement généré par notre système, il s'agit d'un ordonnancement des résultats guidé par ontologie selon l'approche que nous proposons, nous désignons ce classement par *'classement sémantique'*. Cette expérimentation vise à mesurer la satisfaction des utilisateurs en comparant pour la même série de requêtes les deux types de classements des résultats.

A cet effet, nous avons utilisé une méthode d'évaluation qui combine les deux protocoles précédemment utilisés dans la première et la troisième expérimentation. Nous nous sommes donc intéressés aux 20 premiers résultats pour mesurer les performances de chacun des moteurs de recherche tout en comparant les deux types de classement (classique et sémantique). Nous avons également traité le cas des résultats redondants, des liens parasites et des liens morts.

Chapitre 06 :	*Expérimentations des Différentes Approches Proposées*

Nous avons ainsi étudié les résultats de Google et Yahoo à partir d'une série de 25 scénarios de recherche ; 15 simples et 10 complexes, *(voir la méthodologie détaillée dans la première expérimentation)*. 25 requêtes et 500 résultats ont été passés au crible d'une grille de notation. L'objectif était de traduire au mieux les comportements des utilisateurs moyens des moteurs. Ainsi, les fonctionnalités de recherche avancée ont été écartées et les mots clés tapés comportaient le plus souvent un ou deux mots.

5.2. Résultats et discussion

5.2.1. Performances générales

	Type de classement / Moteur de recherche			
	Google		Yahoo	
	Classique	Sémantique	Classique	Sémantique
Moyenne générale	7,62	8,29	6,93	7,02
Note sur des scénarios simples	8,15	8,82	7,76	7,89
Note sur des scénarios complexes	6,19	6.94	5,23	5,52

Tableau 6.7 – *Comparaison de l'efficacité des deux moteurs de recherche*

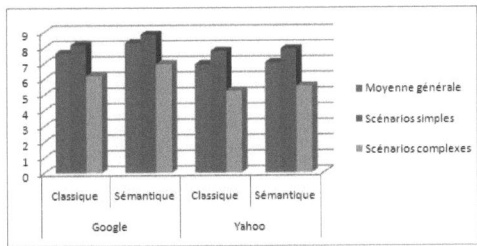

Figure 6.5 – *Comparaison de l'efficacité des deux moteurs de recherche*

Ce premier résultat confirme la qualité de Google qui se montre globalement le plus performant et rend les meilleurs services à l'utilisateur : le moteur de *Sergeï Brin* et *Larry Page* a obtenu des résultats supérieurs sur la quasi totalité des requêtes effectuées. Mais l'écart avec Yahoo n'est pas considérable : 0,69 point sur 10 dans le cas du classement classique et 1.27 pour le classement sémantique, séparent au final les deux concurrents. Et ce différentiel se réduit à 0,43 et 0.93 point dans le cas de requêtes simples alors qu'il se creuse dans le cas de scénarios de recherche complexes (0,96 et 1.42 point).

Nous constatons également que pour les trois critères et dans le cas des deux moteurs de recherche, le classement sémantique apporte toujours un gain en termes d'efficacité par rapport au classement classique.

5.2.2. Performances par critère

	Type de classement par chaque moteur de recherche			
	Google		Yahoo	
	Classique	Sémantique	Classique	Sémantique
Pertinence des résultats	5,72	6,12	5,06	7,66
Taux de liens non morts	9,60	9,67	9,11	9,32
Taux de résultats non redondants	8,27	7,92	7,55	7,02
Taux de pages non parasites	9,33	9,37	8,59	8,86

Tableau 6.8 – *Comparaison de l'efficacité des deux moteurs de recherche par critère*

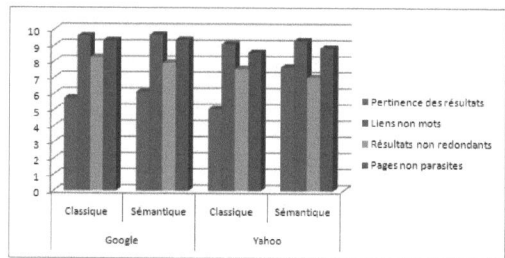

Figure 6.6 – *Comparaison de l'efficacité des deux moteurs de recherche par critère*

Sur la pertinence des résultats, l'écart entre les deux moteurs (0,66 point pour le classement classique et 1,54 pour le classement sémantique) se révèle plus grand que celui de la note générale. Cela s'explique notamment par la plus grande pertinence des résultats pour Google lors des recherches complexes. Toutefois, tous les deux obtiennent la moyenne sur ce critère. Nous notons également que pour les deux moteurs de recherche, le classement sémantique améliore la pertinence des résultats notamment dans le cas de Yahoo où le gain en termes de pertinence s'élève à 2,60 points.

Concernant le niveau de liens morts, l'expérimentation permet de constater l'effort des deux moteurs pour tenir à jour leur index et éviter ainsi de pointer vers des pages supprimées ou déplacées. Sur ce critère très bien noté (9,60 et 9,11 pour le classement classique et 9,67 et 9.32 pour le classement sémantique), Google devance Yahoo de 0,49 et 0,34 point. Ce critère montre une légère avance du classement sémantique par rapport au classique.

En termes de résultats redondants, là aussi Google et Yahoo s'en sortent bien avec respectivement une note de 8,27 et 7,55 pour le classement classique et 7,72 et 7,02 pour le classement sémantique. Ergonomiquement, Google aurait pu d'ailleurs obtenir un score supérieur grâce à une présentation plus pertinente : lorsqu'il affiche sur une page deux liens pointant vers un même site (mais des pages différentes), il prend le soin de coller les deux résultats et d'afficher le second avec un léger décalage vers la droite. Visuellement, l'utilisateur peut donc constater que les deux résultats sont liés. En revanche, chez Yahoo, aucun effort particulier n'est mis en œuvre pour signaler ces résultats d'un même site. Contrairement à ce qui a été attendu pour ce critère, le classement classique donne de meilleurs scores par rapport au classement sémantique, cela s'explique par le fait que le nombre de synonymes récupérés de l'ontologie augmente la fréquence des termes de la requête dans les documents retournés, ce qui favorise les liens parvenant d'un même site.

Sur les pages parasites (pages ne recensant par exemple que des liens promotionnels), Google se révèle plus efficace que Yahoo pour chasser ce genre de pages inutiles dans l'avancée de la recherche de l'utilisateur (car purement publicitaires et souvent mal ciblées) ou qui faussent les résultats des moteurs. Les scores obtenus sont 9,33 et 8,59 pour le classement classique et 9,37 et 8,86 pour le classement sémantique, on remarque donc un meilleur résultat dans le cas du classement sémantique.

6. CONCLUSION

Dans ce chapitre nous avons présenté quatre expérimentations visant à valider les contributions proposées dans cet ouvrage. Le but était d'étudier et de discuter l'apport de la prise en compte du contexte et de la sémantique pour améliorer les systèmes de recherche d'information sur le Web. Plus précisément nous avons essayé de répondre à la question : 'a quel point l'utilisation des ontologies et des différents type de contexte peuvent être bénéfiques pour obtenir des résultats pertinents lors d'une session de recherche ?'.

Sur le premier axe relatif au processus de recherche, nous avons comparé les scores obtenus par une recherche classique à ceux d'une recherche contextuelle dans le cas de l'outil 'PRESY' ou d'une recherche sémantique dans le cas de l'outil 'AnimSe Finder'. Les résultats obtenus ont montré que la reformulation de requête procure une amélioration remarquable en termes de pertinence des résultats retournés. Cette amélioration se traduit par un gain en termes de rappel et de précision, ce qui réduit considérablement le bruit et le silence documentaire.

Sur le deuxième axe relatif au processus d'évaluation, les expérimentations ont montré l'applicabilité de nos propositions à de vrais outils de recherche. Des résultats obtenus nous avons constaté que rien ne permet d'expliquer la préférence massive des internautes pour le moteur Google, puisque, globalement Google et Yahoo ont des performances à peu près équivalentes, et se détachent de leurs concurrent Bing. Il faut donc supposer que les raisons sont autres que des critères de pure pertinence des résultats.

Conclusion Générale

Conclusion générale et perspectives

Au terme de cette thèse nous tentons de tirer des conclusions des travaux présentés et de discuter les perspectives d'amélioration de nos propositions

L'objectif principal de cette thèse était d'apporter des contributions sur deux axes complémentaires : d'abord l'amélioration du processus de recherche, puis l'amélioration de l'évaluation des outils de recherche. En effet, le grand nombre de documents disponibles sur le web a soulevé l'attractivité des outils de recherche d'information. Les moteurs de recherche actuels (tels que Google, Yahoo et Bing) sont les plus utilisés pour parcourir le contenu du Web. Toutefois, Ce type d'outil ne permet pas d'atteindre une grande efficacité et les résultats qu'il retourne ne correspondent pas toujours aux besoins des utilisateurs. Pour cette raison, nous utilisons deux mécanismes dans nos propositions : d'une part, le contexte relatif aux différents acteurs autour du processus de recherche, et d'une autre part la sémantique portée par les termes de la requête et les mots des documents. Le but est d'augmenter la sélectivité des outils de recherche d'information et améliorer la manière dont ces outils sont évalués.

Afin d'améliorer le processus RI, nous proposons dans une première approche de reformuler la requête utilisateur en se basant sur des éléments issus de son profil, de ses historiques de recherche et de ses interactions avec le système. Cette approche est supportée par l'outil ''PRESY'' montrant son applicabilité à de vrais outils de recherche. Dans une deuxième approche nous proposons de prendre en compte la sémantique via les ontologies et cela durant les phases de reformulation de requêtes et d'indexation de documents. L'outil ''AnimSe Finder'' que nous avons développé dans ce contexte concrétise cette proposition.

Pour ce qui est de l'amélioration de l'évaluation des SRI, nous proposons une première approche basée sur trois niveaux du contexte complémentaires pour mesurer la qualité des réponses des moteurs de recherche. Nous exploitons à cet effet, les caractéristiques de l'outil de recherche, les jugements de l'utilisateur et l'adéquation entre la requête et les documents retournés pour calculer les scores de pertinences. Une deuxième proposition dans ce même contexte consiste à utiliser l'ontologie de domaine WordNet pour définir un classement sémantique des résultats retournés par les moteurs de recherche, puis comparer ce classement à ceux des trois moteur Google, Yahoo et Bing.

Ces propositions ont été expérimentée, et le gain en termes de pertinence des résultats retournés a été mesuré au moyen de trois moteurs de recherche (Google, Yahoo et Bing), les résultats montrent que la prise en compte du contexte et de la sémantique en recherche d'information augmente la pertinence des résultats retournés et réduit ainsi le bruit et le silence documentaire.

Ce travail ouvre la voie vers diverses perspectives qui se situent les plans suivants :

- Sur le plan de la considération du contexte dans les SRI, nous estimons que plus les profils de l'utilisateur sont correctement construits plus les documents retournés sont pertinents. Ainsi, l'approche de la construction de profils doit être étudiée en profondeur afin d'avoir plus d'éléments représentatifs. Des données supplémentaires, comme les historiques de recherche et l'activité de navigation de l'utilisateur peuvent également être combinées pour améliorer la reformulation de requêtes. Cela constitue une partie de nos perspectives pour améliorer PRESY.
- En ce qui concerne l'utilisation de la sémantique dans les SRI, il serait intéressant d'approfondir le travail réalisé avec l'idée d'utiliser une requête combinée de plusieurs mots et aussi de faire une analyse lexicale sur la requête pour corriger les fautes d'orthographe saisis par l'utilisateur. Il serait également intéressant d'élargir le domaine d'application en agrandissant l'ontologie 'AnimOnto' par l'ajout des nouveaux concepts et relations sémantiques ou encore d'étendre la recherche vers d'autres domaines que celui des animaux. Ce sont nos perspectives pour améliorer AnimSe Finder.
- Enfin nous vison dans de future travaux, de combiner les deux propositions pour l'évaluation en une seule approche qui prend en compte à la fois la sémantique et le contexte dans l'évaluation des SRI. Il sera donc nécessaire de dresser une comparaison entre les deux propositions actuelles en tirant, pour chaque étape du processus d'évaluation, le principe de l'approche qui donne le meilleur résultat. La comparaison sera par exemple faite en termes du temps de réponse et de la satisfaction des utilisateurs. Enfin la combinaison des parties retenues de chaque approche donnera naissance à une nouvelle approche hybride qui utilise conjointement le contexte et la sémantique pour l'évaluation des SRI sur le web

Références bibliographiques

Références

[Aussenac-Gilles, 00] N. Aussenac-Gilles, B. Biébow, N. Szulman. "Revisiting Ontology Design: a method based on corpus analysis". Proc of KAW'2000. Juan-Les-Pins (F). Oct 2000. Lecture Notes in Artificial Intelligence Vol 1937. Springer Verlag. pp. 172-188, 2000.

[Baeza, 99] R. Baeza-Yates and R. A. Ribeiro-Neto. "Modern Information Retrieval". New York : ACM Press ; Harlow England : Addison-Wesley, cop., 1999.

[Baziz, 05-a] M. Baziz. "Indexation conceptuelle guidée par ontologie pour la recherche d'information, Thèse de doctorat en informatique", Université Paul Sabatier de Toulouse, 2005.

[Baziz, 05-b] M. Baziz, M. Boughanem, N. Aussenac-Gilles, C. Chrisment. "Semantic Cores for Representing Documents" in IR, In Proceedings of the 20th ACM Symposium on Applied Computing, pp. 1020-1026, ACM Press ISBN: 1-58113-964-0, 2005.

[Belkin , 04] Belkin N, Muresan G, Zhang X "Using User's Context for IR Personalization". Proceedings of the ACM/SIGIR Workshop on Information Retrieval in Context 2004.

[Belkin, 94] N. J. Belkin, P. Kantor, E. A. Fox, and J. A. Shaw. "Combining the evidence of multiple query representations for information retrieval". In Information Processing and Management., pages 431-448, 1995.

[Benammar, 02] Benammar, A., J. Mothe et G. Hubert "Automatic profile reformulation using a local document analysis. European colloquium on IR research", Glasgow. Springer-Verlag , pages 124-134.

[Bendaoud, 09] R. Bendaoud. "Analyses formelle et relationnelle de concepts pour la construction d'ontologies de domaines à partir de ressources textuelles hétérogènes". page 15, Juillet 2009.

[Berners-Lee, 01]	T. Berners-Lee, J. Hendler et O. Lassila. "The semantic web". Scientific American, 2001.
[Bondu, 09]	Jérôme Bondu. "Panorama d'outils de recherche d'informations gratuits et en ligne". Inter-Ligere Sarl. http://www.inter-ligere.com/article-30587376.html
[Boubekeur, 08]	Boubekeur F. "Contribution à la définition de modèles de recherche d'information flexibles basés sur les CP-Nets", thèse de doctorat en informatique, Université Paul Sabatier. 2008
[Bouramoul,11-a]	A.Bouramoul, M-K. Kholladi et B-L. Doan : "Using Context to Improve the Evaluation of Information Retrieval Systems". In International Journal of Database Management Systems (IJDMS) – ISSN : 0975-5985, Vol.3, No.2 : 22-39, May 2011. AIRCC – US, 2011.
[Bouramoul,11-b]	A.Bouramoul, M-K. Kholladi et B-L. Doan : "How Ontology Can be Used to Improve Semantic Information Retrieval: The AnimSe Finder Tool". In International Journal of Computer Applications (IJCA) – ISSN : 0975 - 8887, Vol.21, No.9 : 48-54, Mai 2011. FCS – US, 2011.
[Bouramoul,11-c]	A.Bouramoul, M-K. Kholladi et B-L. Doan : "A new three levels context based approach for web search engines evaluation". In Sixth International Conference on Dependability and Computer Systems, DepCos'11, Poland. Published in Springer's "Advances in Intelligent and Soft Computing", Springer-Verlag Berlin. Germany, 2011
[Bouramoul,11-d]	A.Bouramoul, M-K. Kholladi et B-L. Doan : " Evaluation of Information Retrieval Systems Towards a New Context-Based Approach". In 4th. International Conference on Information Systems and Economic Intelligence, IEEE. Marrakech, Morocco, 2011.
[Bouramoul, 10]	A.Bouramoul, M-K. Kholladi et B-L. Doan: "RESY: A Context Based Query Reformulation Tool for Information Retrieval on the Web". In Journal of

Computer Science (JCS) - ISSN: 15493636, Vol.6, No.4 : 470-477, April 2010. Science Publications New York – U.S, 2010.

[Bouramoul, 09-a]   A. Bouramoul, M-K. Kholladi et B-L. Doan : "Une architecture à base des profils pour la reformulation contextuelle des requêtes utilisateur". In Fourth Workshop on Decisional Systems. ASD'09, ISNB : 978–9961–9913–0–5. Jijel, Algérie, 2009.

[Bouramoul, 09-b]   A. Bouramoul, M-K. Kholladi et B-L. Doan : "Context based query reformulation for information retrieval on the web ". In International Arab Conference on Information Technology. ACIT'2009 – Yamen, 2009.

[Boutin, 08]   E. Boutin. "La recherche d'information sur Internet au prisme de la théorie des facettes". Thèse de doctorat en informatique, Université du Sud Toulon-Var, 2008

[Brézillon, 06]   Brézillon, P. "Expliciter le contexte dans les objets communicants". C. Kintzig, G. Poulain, G. Privat, P.-N. Favennec (Eds.), Hermès, chapitre 21, 2002, p. 295-303.

[Brin, 98]   S. Brin, L. Page. "The anatomy of a large-scale hypertextualWeb search engine". Computer Networks and ISDN Systems, 30(1–7) :107–117, 1998.

[Calabretto, 06]   Calabretto, S., E. Egyd-Zsigmond. "Recherche d'Information en contexte". EARIA'06, 2006 France.

[Charhad, 05]   M. Charhad. "Modèles de Documents Vidéo basés sur le Formalisme des Graphes Conceptuels pour l'Indexation et la Recherche par le Contenu Sémantique". pages 24-25, Novembre 2005.

[Chaudiron, 02]   Chaudiron S, Ihadjadenem "Quelle place pour l'usager dans l'évaluation des SRI ? " In : V. Couzinet, G. Regimbeau. Recherches récentes en sciences de l'information : Convergences et dynamiques. Actes du colloque international MICS LERASS, Toulouse. p. 211-232. Mars 2002.

Références bibliographiques

[Chevallet, 97] J.-P. Chevallet and J.Y. Nie. "Intégration des analyses du français dans la recherche d'informations". In Recherche d'Informations Assistée par Ordinateur (RIAO'97), Montreal, pages 761-772, jun 1997.

[Chibane, 08] I. Chibane. "Impact des liens hypertextes sur la précision en recherche d'information. Conception d'un système de recherche d'information adapté au Web", 2008

[Claveau, 04] V. Claveau and P. Sébillot. "Extension de requêtes par lien sémantique nom-verbe acquis sur corpus". avril 2004.

[Coa, 06] T.D.Cao. "Exploitation du web sémantique pour la veille technologique". thèse de doctorat en informatique Université de Nice-Sophia Antipolis-UFR sciences, 2006

[Cruzel, 01] S.L. Cruzel. "Conception de systèmes de recherche d'informations : accès aux documents numériques scientifiques". HDR, Université Claude Bernard Lyon 1, 2001

[Cui, 02] Cui, H., J-R. Wen et Nie, J-Y. "Probabilistic query expansion using query logs". (2002). 11th international conference on World Wide Web, p. 325-332, Honolulu, Hawaii.

[Daoud, 09-A] Daoud M. "Accès personnalisé à l'information : approche basée sur l'utilisation d'un profil utilisateur sémantique dérivé d'une ontologie de domaines à travers l'historique des sessions de recherche", thèse de doctorat en informatique, Université Paul Sabatier. (2009).

[Daoud, 09-B] Daoud M, Tamine L, Boughanem M "A contextual evaluation protocol for a session-based personalized search". Workshop on Contextual Information Access, Seeking and Retrieval Evaluation, Toulouse, France, Springer, April 2009.

[Dujardin, 07] T. Dujardin. "De l'apport des ontologies pour la conception de systèmes multi-agents ouverts" page

15,2007.

[Gaëtan, 06] Gaëtan, R. "Méthode pour la modélisation du contexte d'interaction". RSTI - ISI – 11/2006. Adaptation et contexte, pages 141 à 166. 2006

[Gomez-Pérez, 03] A. Gomez-Perez, M. Fernandez-Lopez, O. Corcho. "Ontological Engineering". Springer Verlag, 2003.

[Gonzalo, 98] J. Gonzalo, F. Verdejo, I. Chugur, J. Cigarrán. "Indexing with WordNet synsets can improve text retrieval». in Proc. the COLING/ACL '98 Workshop on Usage of WordNet for Natural Language Processing, 1998.

[Gruber, 93] T. Gruber. "A translation approach to portable ontology specifications. Knowledge Acquisition". 5(2):199–220, 1993.

[Guarino, 95] N. Guarino, P. Giaretti. "Ontologies and knowledge bases: Towards a terminological clarification". In Towards Very Large Knowledge Bases. N. J. I. Mars, Ed., IOS Press: 25-32, 1995.

[Hedin, 04] S. Hedin, M. Hoestlandt, S. Lenouvel, S. Verraest. "L'évaluation des systèmes de recherche d'informations". 2004. http://idemm.joueb.com/news/l-evaluation-des-systemes-de-recherche-d-informations.

[Hernandez, 06] Hernandez N. "Ontologie de domaine pour la modélisation du contexte en recherche d'information", thèse de doctorat en informatique, Université Paul Sabatier. (2006)

[Ingwersen, 94] P. Ingwersen. "Polyrepresentation of information needs and semantic entities: elements of a cognitive theory for information retrieval interaction". In Proceedings of the Seventeenth Annual International ACM SIGIR Conference on Research and Development in Information Retrieval., pages 101-110, 1994.

[Ishioka, 03] T. Ishioka. "Evaluation of criteria for information retrieval". Web Intelligence, IEEE/WIC International

	Conference on Volume, 2003.
[Khelif, 06a]	L.K. Khelif "Un modèle général de recherche d'information : Application à la recherche de documents techniques par des professionnels". Thèse de doctorat en informatique, université Joseph Fourier-Grenoble I, 2006.
[Khelif, 06b]	M.K.Khelif. "Web sémantique et mémoire d'expériences pour l'analyse du transcriptome". Thèse de doctorat en informatique, Université de Nice-Sophia Antipolis-UFR sciences, pages 7-16, Avril 2006.
[Kiffer, 95]	M. Kiffer , G. Laussen, J. Wu. "Logic Foundations of Object- Oriented and Frame-based Languages" J. ACM, 42(4), pp. 741-843, 1995.
[Kleinberg, 99]	J. M. Kleinberg. "Authoritative sources in a hyperlinked environment". J. ACM, 46(5):604–632, 1999.
[Kompaoré, 08]	N.D.Y. Kompaoré. "Fusion de systèmes et analyse des caractéristiques linguistiques des requêtes: vers un processus de RI adaptatif». Thèse de doctorat en informatique, Université Paul Sabatier de Toulouse, 2008
[Korfhage, 97]	Korfhage, R. (1997). "Information storage and retrieval". Wiley Computer Publishing 0-471-14- 338 3.
[Krovetz, 92]	R. Krovetz, W. B. Croft. "Lexical Ambiguity and Information Retrieval". ACM Transactions on Information Systems, Vol. 10, No 2, pp. 115_141. April 1992.
[Krovetz, 97]	R. Krovetz. "Homonymy and polysemy in information retrieval". In Proceedings of the 35th Annual Meeting of the Association for Computational Linguistics (A CL-97}, pages 72-79, 1997.
[Lafage, 08]	L. Lafrage, "Recensement des données disponibles via les campagnes d'évaluation des systèmes de recherche d'information". Rapport internet, Version 1, IRIT, 2008.

Références bibliographiques

[Largouet, 05] Anita Largouet. "La recherche d'informations sur Internet. Rapport de recherche", Service Commun de Documentation - Université Michel de Montaigne - Bordeaux3. 2005

[Leacock, 98] C. Leacock, G.A. Miller, M. Chodorow. "Using corpus statistics and WordNet relations for sense identification". Comput. Linguist, 1998.

[Lee, 98] J. H. Lee. "Combining the evidence of different relevance feedback methods for information retrieval". Information Processing and Management, 34(6) :681-691, 1998.

[Lin, 06] H-C. Lin, L-H. Wang, "Query expansion for document retrieval based on fuzzy rules and user relevance feedback techniques" In Expert Systems with Applications, 31(2), 397-405, 2006.

[Lin, 98] D. Lin. "An information-theoretic definition of similarity" In Proceedings of 15th International Conference On Machine Learning, 1998.

[Lopes, 09] C.T. Lopes, "Context Features and their use in Information Retrieval" In : Third BCS-IRSG Symposium on Future Directions in Information Access. Padua, Italy, September 2009.

[Maisonnasse, 08] L. Maisonnasse. "Les supports de vocabulaires pour les systèmes de recherche d'information orientés précision : application aux graphes pour la recherche d'information médicale". thèse de doctorat en informatique, Université Joseph Fourier- Grenoble I, France, 2008.

[Maron, 60] M. E. Maron and J. L. Kuhns. "On relevance, probabilistic indexing and information retrieval". J. ACM, 7(3) :216–244, 1960.

[McBride, 04] B. McBride, "RDF Vocabulary Description Language 1.0: RDFSchema". W3C Recommendation, 2004. http://www.w3.org/TR/rdf-schema/

[Menegon, 09]   Menegon D, Mizzaro S, Nazzi E, Vassena L "Benchmark evaluation of context-aware Web search". Workshop on Contextual Information Access, Seeking and Retrieval Evaluation, Toulouse, France, Springer, April 2009.

[Mihalcea, 00] R.Mihalcea, D.Moldovan. "Semantic indexing using WordNet senses". In Proceedings of ACL Workshop on IR & NLP, Hong Kong, October 2000.

[Miller, 94]   G.A. Miller. Wordnet : "A lexical database for english". In HLT, 1994.

[Navigli, 03]   Navigli, R et P. Velardi. "An analysis of ontology-based query expansion strategies". Proceeding of the Workshop on Adaptive Text Extraction and Mining, Croatia.

[Neches, 91]   R. Neches, R.E. Fikes, T. Finin T, T.R. Ruber, R. Patil, T. Senator, W.R. Wartout. "Enabling technology for knowledge sharing". AI Magazine, 12(3), 16- 36, 1991.

[Niles, 01]   I. Niles, A. Pease. "Towards a Standard Upper Ontology". Proceedings of the 2nd International Conference on Formal Ontology in Information Systems FOIS, 2001.

[Ok Koo, 03]   S. Koo, S.Y. Lim, S.J. Lee, "Building an Ontology based on Hub Words for Informational Retrieval", In Proceedings of the IEEE/WIC International Conference on Web Intelligence, 2003.

[Ottens, 07]   K. Ottens. « Un système multi-agent adaptatif pour la construction d'ontologies à partir de textes ». page 14, Octobre 2007.

[Picarougne, 04] F. Picarougne. "Recherche d'information sur Internet par algorithmes évolutionnaires". Thèse de doctorat en informatique, Université François Rabelais Tours, page 29, Novembre 2004.

[Resnik, 99]   P. Resnik. "Semantic Similarity in a Taxonomy: An Information-Based Measure and its Application to

	Problems of Ambiguity in Natural Language". Journal of Artificial Intelligence Research, 1999.
[Rijsbergen, 79]	V. Rijsbergen. "Information Retrieval". Butterworths & Co, Ltd, London, 1979.
[Robertson, 76]	S. Robertson and K. Sparck Jones. "Relevance weighting for search terms". Journal of The American Society for Information Science, 27(3) :129–146, 1976.
[Rocchio, 71]	J.J. Rocchio. "Relevance feedback in information retrieval". In The SMART retrieval system-experiments in automatic document processing, pages 313,323. Prentice Hall Inc, 1971.
[Saias, 03]	J. Saias, P. Quaresma, "A Methodology to Create Ontology-Based Information Retrieval Systems", In Proceedings of the EPIA Conference, pp 424-434, 2003.
[Salton, 71]	G. Salton. "A comparison between manual and automatic indexing methods. Journal of American Documentation", 20(1) :61–71, 1971.
[Salton, 83]	G. Salton and M. McGill. "Introduction to Modern Information Retrieval". McGraw-Hill, New York, 1983.
[Sanderson, 97]	M. Sanderson. "Word Sense Disambiguation and Information Retrieval". Technical Report (TR-1997-7) of the Department of Computing Science at the University of Glasgow, Glasgow G12 8QQ, UK, 1997.
[Schreiber, 95]	G. Schreiber, B. Wielinga, W. Jansweijer, "The kactus view of the 'o' word". IJCAI'1995, Workshop on Basic Ontological Issues in Knowledge, 1995.
Simonnot, 96]	B. Simonnot. "Modélisation multi-agents d'un système de recherche d'information multimédia à forte composante vidéo, (Multi-Agent Modelling of a multimedia information retrieval system for still images and videos collections". Phd thesis, Henri Poincaré University, 1996.
[Simonnot, 06]	B. Simonnot. "Modélisation multi-agent d'un système de

	recherche d'information multimédia à forte composante vidéo". Thèse de doctorat, Université Henri Poincaré - Nancy I,259 p, 2006.
[Smeaton, 89]	A.F. Smeaton. "Information retrieval and natural language processing". In proceedings of a conference jointly sponsored by ASLIB, University of York, page 2, march 1989.
[Soucy, 05]	Soucy P, Mineau G.W "Beyond TFIDF Weighting for Text Categorization in the Vector Space Model". In: Proceedings of the 19th International Joint Conference on Artificial Intelligence (IJCAI 2005), Edinburgh, Scotland, 2005.
[Sowa, 84]	J.F. Sowa. "Conceptual Graphs: Information Processing". in Mind and Machine. Reading, Addison Wesley, 1984.
[Tambellini, 07]	C. Tambellini. "Un système de recherche d'information adapté aux données incertaines: adaptation du modèle de langue". Thèse de doctorat en informatique, Université de Nice-Sophia Antipolis-UFR sciences, 2007.
[Tamine, 00]	L. Tamine. "Optimisation de requêtes dans un système de recherche d'information approche basée sur l'exploitation de techniques avancées de l'algorithmique génétique". pages 14-28, Décembre 2000.
[Tamine, 10]	Tamine L, Boughanem M, Daoud M "Evaluation of contextual information retrieval effectiveness: overview of issues and research". Journal of Knowledge and Information Systems. Volume 24 Issue 1, pp. 1-34. Springer, Londres, United Kingdom. July 2010.
[Tao, 03]	Y. Tao, N. Mamoulis , D. Papadias, "Validity Information Retrieval for Spatio-Temporal Queries: Theoretical Performance Bounds," In Proceedings of the 8th International Symposium on Spatial and Temporal Databases, (SSTD), LNCS 2750. Santorini Island, Greece, July 24-27, 2003.

[Uren, 06]	V. Uren, P. Cimiano, J. Iria, S. Handschuh, M. Vargas-Vera, E. Motta, F. Ciravegna. "Semantic annotation for knowledge management: Requirements and a survey of the state of the art". In Web Semantics, Volume 4, Issue 1, pp 14-28, 2006.
[Uschold, 96]	M. Uschold, M. Grüninger. "Ontologies: Principles, Methods and Applications". Knowledge Engineering Review, 11(2), 1996.
[Vallet, 05]	D. Vallet, M. Fernández, P. Castells, "An Ontology-Based Information Retrieval Model", In Proceedings of the 2nd European Semantic Web Conference, pp 455-470, 2005.
[Van Heijst, 97]	G. Van Heijst, A. Schreiber, B. Wielinga. "Using explicit ontologies in KBS development". Int. J. of Human-Computer Studies, 46(2/3):183–292, 1997.
[Vignaux, 05]	Georges Vignaux. "La recherche d'information : Panorama des questions et des recherches". Rapport de synthèse de recherche CNRS-MSH Paris Nord. http://www.pfast.fr/?La-recherche-d-information
[Wahlster, 86]	Wahlster, Wet A. Kobsa, "Dialogue-based user models. Proceedings of IEEE, Vol. 74(7), pp. 948-960. 1986
[Wanner, 07]	Ingrid Wanner, "Notion du Contexte", mars 2007 http://contexte.lip6.fr/CxG/index2.php?Contexte
[Winograd, 01]	Winograd, T. "Architectures for context, Human-Computer Interaction", p.402-419. 2001
[Woods, 97]	A.W. Woods. "Conceptual indexing: A better way to organize knowledge". Technical Report SMLI TR-97-61, Sun Microsystems Laboratories, Mountain View, CA, April 1997. ww.sun.com/research/techrep/1997/abstract-61.html.
[Wu, 94]	Z. Wu, M. Palmer. "Verb semantics and lexical selection". In Proceedings of the 32nd annual meeting of the Association for Computational Linguistics, 1994.

Références bibliographiques

[Zemirli, 08] W.N. Zemirli. "Modèle d'accès personnalisé à l'information basé sur les Diagrammes d'Influence intégrant un profil utilisateur évolutif". Thése de doctorat en informatique, Université Paul Sabatier de Toulouse III, 2008.

Oui, je veux morebooks!

i want morebooks!

Buy your books fast and straightforward online - at one of the world's fastest growing online book stores! Environmentally sound due to Print-on-Demand technologies.

Buy your books online at
www.get-morebooks.com

Achetez vos livres en ligne, vite et bien, sur l'une des librairies en ligne les plus performantes au monde!
En protégeant nos ressources et notre environnement grâce à l'impression à la demande.

La librairie en ligne pour acheter plus vite
www.morebooks.fr

OmniScriptum Marketing DEU GmbH
Heinrich-Böcking-Str. 6-8
D - 66121 Saarbrücken
Telefax: +49 681 93 81 567-9

info@omniscriptum.de
www.omniscriptum.de

Printed by Books on Demand GmbH, Norderstedt / Germany